ORIGENS DO DISCURSO DEMOCRÁTICO

[illegible]

Wellington Pereira

[illegible] 28

Donaldo Schüler

ORIGENS DO DISCURSO DEMOCRÁTICO

www.lpm.com.br

L&PM POCKET

Coleção **L&PM** Pocket vol. 291

Capa: Ivan Pinheiro Machado sobre pintura de Salvador Dali, *Nascimento de uma Deusa.*
Revisão: Renato Deitos e Jó Saldanha
Produção: Lúcia Bohrer

ISBN 85.254.1172-8

S386o Schüler, Donaldo, 1932-
Origens do discurso democrático / Donaldo Schüler. -- Porto Alegre: L&PM, 2002.
128 p. ; 17 cm -- (Coleção L&PM Pocket)

1. Política-Democracia-ensaios. I. Título. II. Série.

CDU 321.7(0:82-4)

Catalogação elaborada por Izabel A. Merlo CRB

Porto Alegre: Rua Comendador Coruja 314, loja 9 - 90220-180
Floresta - RS / Fone: (0xx51) 3225.5777
informações e pedidos: info@lpm.com.br
www.lpm.com.br

Impresso no Brasil
2001

Sumário

1. A forja da democracia

Não se busque em Homero um teórico da democracia. Homero é poeta. Seu ofício é produzir imagens. Como vive numa cidade em processo de democratização, revive matéria épica na experiência de todos os dias e assim dialoga com sua gente. Faz da epopéia um retrato do mundo. Hesíodo, atuando em situação política semelhante e interessado em sistematizar o mito, lança o olhar ao universo. Poeta como Homero, expõe com narrativas reelaboradas problemas do seu tempo.

Indícios de atitude democrática já nos esperam no princípio da *Odisséia*: "O homem, canta-me, ó Musa, o *polýtropos*". Ulisses é um herói polítropo (multiforme, versátil), ao contrário de Aquiles, em quem uma das peculiaridades, a fúria implacável (*mênis*), eclipsa as demais. Ulisses freqüenta muitos lugares, sejam geográficos ou caractereológicos. Age como orador, companheiro, amante, astuto, cavalheiro, atleta, combatente imaginoso, poeta, marinheiro, artesão, sedutor, seduzido, pai, filho. Ele é muitos, ele é polítropo. É tantos que chega a confundir-se com o homem enquanto espécie. Mentiu a Polifemo ao dizer que seu nome é Ninguém? Ora, quem é todos é ninguém. Foi assim que o entendeu Joyce ao reinventar Ulisses na pele de Leopold Bloom. Quem compara a *Odisséia* com a *Ilíada* observa que os muitos heróis da *Ilíada* contrastam com a ação concentrada em um só, Ulisses, na *Odisséia*. Um só que é muitos. Conheceu o espírito de muitos? Não é outra nossa experiência ao navegarmos nos ritmos de Homero. Em torno de Ulisses e no próprio Ulisses damos com muitos. O espírito (*noos*) do homem se desdobra sem limites. Um cristal de rocha é cristal de rocha. Só o homem é muitos, imprevisível, polítropo.

O aedo invoca a Musa, o canto é dela. Enquanto soa a voz da Musa, a comunidade cala reverente. Assim foi no passado. Não é isso que se observa na *Odisséia*. Polítropo já é resposta do cantor à voz da Musa. A Musa, de tanto falar, levou o homem à fala. O aedo se pronuncia sobre um assunto que lhe é familiar. Repete ritualmente como já o fez muitas vezes aos mesmos auditórios. Não se limita a resumir o que os ouvintes acompanharão em detalhes. Ao dar um apanhado do assunto, comenta. Ao observar que Ulisses é polítropo, o poeta atinge em cheio a complexidade da personagem em torno da qual a *Odisséia* se articula. Em breve, o poeta poderá dispensar o amparo da Musa. A voz dos homens compete com a voz divina até silenciá-la. A resistência à voz coletiva, à voz do alto, está nesse adjetivo, polítropo, cheio de ressonâncias.

As palavras queixosas de Zeus, dirigidas aos deuses reunidos em concílio logo depois da invocação da Musa, confirmam o insurgente falar dos homens. O pai universal lamenta que os homens lhe atribuam males provocados por desmandos deles. Vozes impiedosas não se levantam com certeza sob proteção divina. Há uma insurreição em marcha que já foge ao controle olímpico. Para fundamentar a insensatez dos protestos humanos, Zeus argumenta que os homens agem *hyper moron*, contra o que determina o destino. Cita como exemplo Egisto, assassino de Agamênon ao arrepio dos decretos do destino. Ora, os homens, ao desrespeitarem determinações, penetram no espaço da liberdade. Nem tudo está sujeito à vontade de Zeus, suposto guardião da ordem. Zeus não é responsável por todos os incidentes. Defendendo-se, Zeus reconhece os limites de sua autoridade. Outras passagens falam da separação entre o destino e a vontade de Zeus. Movemo-nos em território conflagrado. A rebelião prometéica está em andamento. As palavras e a ação dos homens fogem do controle divino. Deparamos com três instâncias: o destino (*Moros*), Zeus e os homens. A coesão das três foi abalada. Em questão está a autoridade. Há infrações, risco, ação, epopéia.

As cidades gregas reconhecem nas ações relatadas pela *Ilíada* o primeiro empreendimento comum. Um príncipe grego ofendido, uma princesa raptada, uma luta de anos para reparar a honra maculada, eis o que inflama a imaginação dos ouvintes. A democracia se esboça no segundo canto. O momento é grave. Agamênon, o chefe supremo das tropas, espera êxito, embora enfraquecido pela defecção de Aquiles, o melhor de seus soldados. Profere um discurso desconcertante. Fala de dez anos de privações diante de muralhas inexpugnáveis, de baixas, de aflições longe dos lares e da pátria. É isso que se espera de um general sedento de vitória? Avalie-se a intenção do comandante. Valeria a pena reencetar a luta sem a adesão livre de seus homens, cansados de escaramuças sem êxito? Agamênon sabe que a disciplina imposta reprime o ímpeto dos que lutam. Espera que seus combatentes coloquem o valor bélico acima de quaisquer contrariedades. Nas circunstâncias, uma decisão democrática poderia despertar energias capazes de surpreender analistas céticos.

A reação dos comandados é decepcionante. A lembrança da terra distante os dispersa em corrida intempestiva rumo às naves. O desejo do retorno era mais forte que a vitória improvável. Homero compara o exército a um enxame de abelhas, levado pelo instinto e não pela razão. Ulisses, ao conter os fugitivos, comenta: "o governo de muitos não é bom, haja um soberano só". Entenda-se o herói. O governo de um só não é preferível à decisão coletiva, mas o que fazer, quando um só pensa (ou poucos) em meio a uma multidão agitada pelo afeto? Qual é o futuro da democracia de um povo que não pensa? Desponta aqui uma objeção severa contra o governo do povo, sustentada ainda por Platão. Como poderão governar pessoas dominadas pela paixão? Um estado só poderá ter êxito se dirigido por homens que pensam. Dessa opinião Ulisses e Platão comungam. A tirania é provocada por homens que não pensam.

A constatação de Ulisses é reafirmada num contexto genuinamente mítico. Recordemos o navegador numa insólita aventura acontecida durante o sempre retardado retorno a Ítaca. O herói esteve com Éolo. Este, condoído com os infortúnios do grande sofredor, oferece ajuda singular. Confia ao hóspede a bolsa de ventos contrários, liberando só os que sopram a Ítaca. Já se podem ver as colunas de fumo que se levantam das chaminés da ilha sonhada. Ulisses, exausto, confia o galardão da divindade amiga a sua tripulação, julgando-se com direito a uma hora de repouso antes do desembarque. Os companheiros do capitão, suspeitando que estavam sendo ludibriados e esperando encontrar tesouros, abrem a bolsa e libertam os ventos que devolvem com violência a nau ao mar ignoto. James Joyce escolhe este episódio para caracterizar a imprensa contemporânea, sacudida por tempestades de opiniões conflitantes. O que ensina Homero? Que a natureza é violenta. Ventos adversos podem frustrar anseios. Não se culpe, entretanto, o destino por infortúnios. Para que o barco em que viajamos atinja a meta almejada, imperiosas se fazem decisões lúcidas. A deliberação coletiva não está isenta de riscos. Que conselhos apaixonados não sufoquem o propósito de confiar o governo a todos!

Examinemos uma assembléia mais antiga, a primeira registrada pela literatura grega e a primeira da *Ilíada*, a que provocou o motivo central do poema, a ira de Aquiles. Gravíssima é a situação, uma peste misteriosa dizima o exército aflito sem que o chefe supremo intervenha. Assuntos militares de extrema gravidade são discutidos diante de todos. O que revela o debate? Uma cidade pacata agredida, mulheres raptadas, um sacerdote ofendido – motivos suficientes para provocar a ira divina. A assembléia dos soldados assiste pasma à exasperação do conflito entre o campeão Aquiles e o chefe supremo das tropas. Assuntos de tamanha gravidade, capazes de pôr em risco a empresa militar, não deveriam ser discutidos em ambiente fechado? Não é isso o que sente a índole democrática grega. Até questões militares de interesse geral devem ser avaliadas e decididas na presença de todos.

Dessa atitude antiga temos versão recente. Em momento muito mais grave, quando as tropas da Macedônia ameaçam a independência de Atenas, Demóstenes discute na assembléia as medidas que o povo deve tomar para enfrentar o inimigo. Apontou-se a extremada consciência democrática como uma das causas da derrota ateniense. A espionagem macedônia informava, sem esforço, Filipe sobre detalhes da estratégia ateniense. Seja! Vale ressaltar, contudo, a posição de um povo que punha a participação popular acima até mesmo da segurança nacional.

O homem grego não foge da divergência, convive com ela, educa-se nela. Na divergência aprende a falar. Não há democracia na vigência do discurso único. Na refrega verbal o diverso se anuncia, se enuncia.

Não se espere que a democracia resolva conflitos, ela os cultiva. É a lição da *Ilíada*. Conflituadas são as assembléias divinas, reflexo das humanas. A guerra arrasta-se por dez anos em virtude de hostilidades profundas. A própria *Ilíada* foi construída sobre uma desinteligência. Houve um casamento a que foram convidados todos os deuses, menos, por motivos óbvios, a Ira. Enfurecida, a divindade entra na sala dos banquetes e atira uma maçã sobre a mesa com a inscrição: para a mais bela. Instaurado está o mais antigo concurso de que se tem notícia. Três deusas candidatam-se ao título de rainha da beleza: Hera, Palas Atena e Afrodite. Elegem um juiz sensível à formosura, Páris, filho do rei de Tróia. Como não estivessem seguras da integridade do árbitro, as deusas tentam suborná-lo. Hera garante-lhe domínio sobre a Ásia. Palas Atena promete-lhe torná-lo o homem mais sábio do mundo. Afrodite assegura-lhe a posse da mulher mais formosa. Páris, como não alimentava ambições políticas, como não o distinguiam pendores intelectuais, dobrou-se à oferta de Afrodite. Acontece que a mulher de formosura decantada chamava-se Helena, esposa de um soberano grego, Menelau. Com a ajuda de Afrodite, Páris rapta o tesouro e instala-se com ela na poderosa cidade de seu pai. Reis, no propósito de preservar imaculados os brios helênicos, unem-se sob a liderança de Agamênon para a primeira ação conjunta de estados gregos. Esta é a origem da renomadíssima guerra de Tróia, desencadeada por motivos fúteis. Irracionalidades inflamam o conflito do princípio ao fim. Afrodite quer a vitória de Tróia. Palas Atena e Hera sustentam a causa grega. Zeus, o pai dos deuses e dos homens, por dever favores à mãe de Aquiles, move-se com dificuldade entre os partidos em conflito. Os discursos proferidos em assembléia ocultam sentimentos escusos, venalidade, partidarismo. Pouco vale o que as palavras dizem, decisivo é o que elas ocultam.

A *Ilíada* não é só um poema guerreiro. Nela se reflete o que ocorre em tempos de paz. Não se neguem paixões. A democracia deve contar com elas. No equilíbrio das paixões a democracia se mantém. Por que Homero termina a *Ilíada* antes do fim da guerra? Quererá dizer-nos que as paixões não têm fim? Em oposição a Homero, Platão constrói um estado ideal governado só pela razão.

Os princípios cuidadosamente elaborados na *República* são irrealizáveis, mas os conflitos da apaixonada *Ilíada,* nós os vivemos todos os dias. Mais avisado do que tentar erradicar paixões será conviver com elas, neutralizando-lhes os malefícios.

A guerra homérica lembra de perto competições esportivas. Os adversários se conhecem e se respeitam. Morte anônima não há. O narrador ressalta no combate o valor pessoal. Mesmo soldados sem prestígio são lembrados de nome na hora de morrer. Quem age é estimado por aquilo que faz.

O reexame do espanto, apontado por Platão e Aristóteles como origem da mitologia e da filosofia, pode levar-nos à compreensão de perspectivas importantes dos pilares da democracia. O espanto rompe. A primeira fissura provocada pelo espanto separa o homem dos seus contornos. O mundo se torna estranho: instrumentos, rios, árvores, montes e astros. A reaproximação do outrora familiar, ocorrido o espanto, requer laboriosas construções verbais. Para o homem abandonado, tudo se torna problemático, a própria convivência com os demais. A monarquia já não pode ser contemplada com a serenidade de tempos tranqüilos. A inquietação abala tronos no céu e na terra. A guerra deflagrada contra o absolutismo de Urano tem todas as características de luta de libertação. Com o levante dos titãs, liderada por Crono, triunfa a natureza, montanhas furam o dossel das nuvens, florestas sobem pela encosta dos morros, relva cobre planícies, lagos e mares refletem o azul celeste, flores enfeitam copadas, aves, répteis e quadrúpedes avivam a superfície terrestre.

O Zeus vitorioso contra a tirania de Cronos sente-se no dever de premiar os colaboradores com domínios no vasto cosmo liberto. O poder central enfraquece com a ampliação do quadro dos que mandam. A democracia cósmica instaurada por Zeus não existe sem risco. Afrodite invade o território de Ares. Assembléias divinas freqüentemente convocadas deliberam sobre assuntos de interesse comum. Zeus, o monarca divino, é repreendido, criticado, ameaçado. O chefe supremo tolera protestos para não perder o apoio de auxiliares poderosos e responsáveis. O Olimpo reflete o que se passa na terra. Agamênon apropria-se do que não é seu. Aquiles é excessivo na fúria. O conjunto neutraliza os excessos de cada um. O esforço de muitos pode mais do que o império da vontade de um só.

A democracia não é outorgada. Direitos democráticos são duramente conquistados. Homens que não lutam pela liberdade não estão maduros para viver livremente. Tormentos afligiram Prometeu, o representante dos homens, rebelado na intenção de conquistar para desamparados condições de vida próspera e digna. Os deuses toleram as vantagens conquistadas porque, para anulá-las, teriam que destruir a própria espécie humana, o que não lhes convém. Com o aniquilamento dos homens, perderiam as homenagens que estes lhes prestam. Embora fracos, os homens se impõem aos deuses. Hesíodo sente-se no direito de clamar por justiça contra o desmando de juízes corruptos.

Por mais benéficos que tenham sido os recursos com que Prometeu instrumentou os homens, o domínio absoluto dele teria condenado o homem a trabalho sem descanso. Não fosse a desobediência de seu execrado irmão Epimeteu, não teria aparecido a mulher, doadora do prazer, do lazer, da beleza. Benéfica mostra-se a coexistência de forças opostas. Fídias, o escultor da democracia ateniense, espantado com as proezas atléticas e bélicas, orna o Partenon com heróis e heroínas divinizados. A diferença passa a ser consentida e admirada. As constituições democráticas são ideadas por pessoas que se reconhecem diferentes e admiram a diferença.

De origem mítica é o livre exercício da palavra, esteio da democracia. Sem a reflexão de oradores sobre os sucessos da guerra, a *Ilíada* seria um enfadonho desfilar de combates. Discursos compreendem empreendimentos peculiares no amplo painel dos cometimentos humanos. À medida que os deuses silenciam, amplia-se o espaço da exposição e da argumentação humanas. O longo discurso de Ulisses ante a encantada nobreza dos feáceos transforma aventuras fantásticas em relatos que destacam a habilidade do aventureiro. Não está predeterminado o que Ulisses há de dizer. Escolhe palavras, episódios. Ulisses nasce do seu discurso. Ulisses se elege, se produz. O orador é assistido pelas musas, mas já não são elas que falam, restringem-se a oferecer a possibilidade de falar. Ao falar, o orador ergue-se à altura das que o assistem. Vemos a arte passar das deusas aos homens. *Mythos* é revelação: do mundo, de quem fala, do presente, do passado, do futuro. *Mythos* fundamenta as relações humanas.

Safo, a décima musa. O canto a instaura na categoria dos falantes. De falada passa a falar. O canto, redimindo-a da situação de objeto, confere-lhe categoria de sujeito. Feminina já era a fala desde a origem. A voz das musas atravessava os cantores. Voz feminina dava-lhes vida. Safo é a primeira a grafar o canto. A grafia a imortaliza.

O discurso traça a divisa entre a margem e o centro. Hesíodo vivia à margem, junto aos rebanhos. Para atuar no centro, apropriou-se da linguagem dos que mandam. Quando se pôs a cantar, ergueu-se à dignidade de príncipe, confirmada pelo cetro. O discurso é seu título de nobreza. O discurso o liga aos demais. O discurso permite-lhe refletir sobre a tradição para redefini-la aos seus. Pobres e ricos confraternizam no discurso.

Hesíodo invade o centro sem deixar o que herdou da margem. Nos poemas de Hesíodo, a margem invade o centro com energia revolucionária. Mitos segregados passam a guerrear legado consagrado. Explode a homogeneidade da linguagem. Hesíodo denuncia de mentirosas as musas que favorecem interesses patriarcais. Criado está o conflito. A vigilância já não resiste ao impacto de vocabulário novo, idéias novas, novo homem.

Não se nasce cobarde ou herói. Heróis e heroínas escolhem a personalidade que desejam ser. Tomemos Nausícaa. Nausícaa está longe do palácio, acompanhada só de suas criadas. Aparece-lhe um estranho, sujo, hediondo, semelhante a um leão da montanha. Nausícaa, rompendo o temor que põe todas em fuga, decide enfrentar o perigo. De preocupada por si mesma, passa a preocupar-se pelo outro, atitude básica para a vida política. O estranho pode ser um estrangeiro carente de auxílio. Nausícaa não sabe como o estrangeiro há de reagir. Ainda assim, ela se aproxima dele com uma muda de roupa. Banhado e vestido, Nausícaa vê com espanto a transformação. O outro deixa de ser um qualquer. De estranho que parecia ser, o guerreiro ganha corpo, individualidade. Ulisses reingressa assim na comunidade dos homens. Ulisses vê na jovem uma pessoa que o ajuda a reinserir-se na sociedade, uma autoridade. Imposição não há. Há reconhecimento, há acordo. A autoridade se estabelece sem constrangimentos. A relação política constrói-se espontaneamente entre um homem e um mulher.

Como se forma o cidadão? Esta pergunta não difere de "como se forma o homem?", já que, desde as origens, não se pode pensar o homem fora da comunidade. Sair da comunidade significa não ser. Tomemos um jovem, Telêmaco. A insegurança de seus atos deve-se ao fato de não ter junto de si um pai que lhe sirva de modelo. Que modelo? O Ulisses que se distingue no exercício da palavra, o Ulisses anelante da pátria, o Ulisses piedoso, o Ulisses desejoso de conhecer, o Ulisses dos sábios conselhos, o Ulisses cavalheiro ou o Ulisses omisso, o Ulisses que ludibria, o Ulisses sensível à sedução, o Ulisses cruel? Os caracteres de Homero são complexos. Faça Telêmaco a escolha que fizer, o resultado que a seleção tiver sobre seus atos será responsabilidade sua. Telêmaco, filho de Ulisses! Filiação não predetermina atos. Acomodar-se à vilania da nobreza de Ítaca, submeter-se à autoridade materna ou enfrentar os pretendentes, dizer não à mãe e partir em busca de informações sobre o pai ausente, são decisões suas. De antemão não se sabe quem Telêmaco há de ser. Telêmaco é fruto de seus atos. Os pretendentes constituíam uma multidão ambiciosa que se reunia no palácio. Eram pessoas sem interesse comum, soma de indivíduos. Telêmaco sai do palácio para congregar os cidadãos longe do espaço da disputa. Convoca a assembléia que por vinte anos não se reunia. Fala para unir. A viagem que fará será para o benefício de todos. À medida que Telêmaco age, sabe-se que não é Ulisses. Procura Ulisses para encontrar o pai cujo lugar ele deverá ocupar um dia. Pôr em risco a vida para achar o pai é mérito seu.

Não há mandamentos que determinem a ação. Há modelos a serem imitados. Como esses são contraditórios, o homem se responsabiliza na escolha. O que escolher em Aquiles? A fidelidade ao amigo, o ódio mortal aos inimigos, a violência, a decisão de morrer jovem? Tudo em Aquiles é questionável. O homem constrói os modelos que imita. Entre Aquiles e Ulisses, o Ocidente optou por Ulisses. *Ulisses* chama-se um dos romances representativos do século XX. Suas indecisões, suas contradições, seu insaciável desejo de saber levam-nos a refletir sobre nós mesmos.

Modelos épicos norteiam até personalidades urbanas como Sócrates. Épicos são em Sócrates a lealdade, a piedade, a eloqüência, o destemor, a consagração ao saber. Mas Sócrates não se dedicou à carreira militar, não tem ancestral divino, é feio e pobre. Sócrates fez-se herói não por imposição do passado, mas por eleição sua. E Platão elegeu-o como paladino da redenção de Atenas.

A democracia desperta energias que estados autoritários sufocam. A essa conclusão chega Heródoto. O pai da história demora-se no exame da monarquia de Dario, um dos soberanos que ousaram fazer guerra às minúsculas cidades-estado. Há eleições no estado persa? Há! Heródoto detalha a eleição de Dario. Sete nobres apresentaram-se como candidatos ao trono. Resolveram entregar a escolha à sorte. Montados partiriam na madrugada de um dia escolhido. Aquele cujo cavalo relinchasse primeiro seria rei. Dario determinou a um de seus subordinados fazer aparecer no caminho uma égua, a predileta de seu cavalo. À vista da companheira, o cavalo de Dario relincha. Os outros seis dobram-se ante o novo soberano. Este foi o ato inaugural de um reinado de fraudes e crueldades. Como poderia um monarca desonesto e sanguinário como este vencer um estado como Atenas, em que todos são soberanos? Ésquilo, na tragédia *Os persas,* reforça o parecer do historiógrafo.

O espanto desarticula, rompe totalidades. Toda ruptura é dolorosa. O espanto é um *phármakon*, como tal, ligado à morte e à reabilitação. A ruptura é necessária porque antes da ruptura está a totalidade indivisa, o silêncio, a possibilidade infinita, o caos. Operada a ruptura, estamos diante de realidades complexas. O discurso não nos põe no começo. Todo discurso pressupõe discursos, confronta-se com outros discursos e produz discursos novos. Um discurso que compreendesse todas as articulações seria o Logos heraclitiano - indizível. O discurso substitui a genealogia, rearticula. Comporta-se como o véu de Penélope: faz-se e se desfaz.

A reflexão, vigilante no centro do mundo mítico, afronta noções não-refletidas. A filosfofia empenha-se, desde as origens, em colocar concepções míticas em outras bases. É o que faz Tales. Sente que o vocabulário sexualizado e hierarquizado subtrai o observado à observação. Mesmo que Tales preserve nomes masculinos e femininos, estes já não nomeiam necessariamente entes que se acasalam e procriam. O universo constituído de fenômenos comuns emerge de um ventre neutro, *to hýdor* (o úmido). Eminências a serem respeitadas já não há. Os deuses demitidos abrem espaço a um cosmo sem barreiras, homogeneamente divino. Igualmente distantes de interferências míticas, todos solidarizam-se. Criadas estão as condições para se refletir sobre o espaço comum, democrático.

Propalou-se a anedota de que Tales teria caído num buraco enquanto contemplava o céu. Procurava, na verdade, os elos que unem fenômenos celestes e acontecimentos terrenos. Ponge estranha a despreocupação do homem consigo mesmo. Descer de alturas olímpicas para observar o que se passa no chão foi medida importante para encontrar o homem.

2. O democrata escreve

Anaximandro de Mileto, quando se põe a escrever, pensa no seu povo, na condição de uma pequena cidade, a sua, Mileto, ameaçada por um grande império. Cercam-no facções que se combatem. O comércio exterior promove a circulação de mercadorias, de informações, de idéias. Como entender a pluralidade? Onde encontrar a unidade na divergência vivida e funestamente sentida? As divisões, a rivalidade, a guerra espantam o pensador.

Pode-se viver sem conflito? Para eliminá-lo seria necessário recorrer a medidas enérgicas: governo forte, isolamento, censura. Ora, conflito é vida. Soluções do passado não seduzem Anaximandro. Resolve achar por si mesmo resposta para seu tempo e sua gente. Amplia o espectro das preocupações de Tales. Além do universo, interessa-lhe o homem.

As reflexões contidas na frase de Anaximandro surgem no limiar da ruína do mundo mítico. Hesíodo sabia a quem apelar. Quando injustiçado, levantava os braços à Justiça universal (*Dike*), que exercia funções precisas no universo regido por Zeus. Invocar a ajuda de quem, quando deuses batem em retirada? As inquietações de Anaximandro encontram sintonia em homens a quem Homero e Hesíodo já não satisfazem.

Quando os deuses, a cujo cargo estava a organização cósmica, recuam, aparecem o indeterminado e as determinações. Como harmonizar hostilidades, como enfrentar paixões? Em meio a conflitos de toda ordem, escreve Anaximandro:

> *O princípio dos entes é o indeterminado pois donde o vir-a-ser é para os entes, é para onde também a deterioração devém segundo o necessário; pois concedem justiça e recompensa uns aos outros por causa da não-justiça segundo a ordem do tempo.* (B1)

Foi isso que Anaximandro, o primeiro escritor, registrou. Não é citação de livro seu. Não se escrevia nesses tempos remotos. Não, coisas que não tivessem finalidade prática. Confiada às musas, filhas da Memória e de Zeus, a linguagem oral estava subordinada ao deus supremo. Escrevendo, Anaximandro foge de autoridade divina.

Anaximandro não escreveu para qualquer público, mas para certo público. Não tinha em mente leitores especializados. Eles ainda não existiam. Pensava nas pessoas que encontrava todos os dias, em cidadãos preocupados com a cidade, com o andamento das coisas. Ninguém esperava que escrevesse. Usa a escrita para uma finalidade à qual a escrita não se destinava. Comerciantes e administradores mantinham arquivos ligados às transações comerciais. Anaximandro reinventa a linguagem. Descobre a prosa, os recursos dela, assim, ao acaso. Afastando-a dos interesses da comunicação, desdobra-a como espaço de reflexão. Ao se distanciar do corpo e do universo, a prosa se inclina sobre o universo para o examinar, compreender. Livre da fala das musas, Anaximandro desperta ritmos que a regularidade métrica sufocava. Escreveu como alguém que anota uma idéia para não esquecer. Com um estilete sobre uma tabuleta revestida de cera ou a carvão na parede. Sendo reduzido o espaço de que dispunha, atémse ao essencial. Escassez gera economia. Anaximandro escreve. Na indeterminação da superfície, determinações aparecem.

Não se sabe o tempo que exigiu a frase para chegar a esta síntese. Talvez a vida inteira. É muito provável que Anaximandro tenha discutido suas idéias com amigos até que lhe ocorreu registrálas. É de se imaginar que em toda sua vida não tenha escrito mais do que algumas linhas. A quantidade não importa. Há frases que mudam a história. "Penso, logo existo" é uma delas, milhares de vezes repetida e reinterpretada. Assim foi o *ápeiron* de Anaximandro. Saiu espontaneamente do arquivo para circular entre os que compram e vendem, viajam e pensam. A frase de Anaximandro, oferecida à interpretação, ergueu-se à categoria dos oráculos. Deixou o pequeno círculo de privilegiados, instalou-se no espaço público e nunca mais saiu. Confinada ao espaço privado, ela teria morrido como a maioria das observações cotidianas, quer argutas, quer insignificantes. Publicar – numa tabuinha, numa parede ou num livro – significa penetrar no lugar em que as idéias vivem e se perpetuam. No espaço público argumentos respiram, é lá que são eficazes. A escrita confere rigor ao pensamento sem tirá-lo da publicidade, para ser lido, pensado, comentado, para entrar na conversa de todos os dias, para alimentar os que pensam.

Não teve seguidores imediatos. Xenófanes e Parmênides, mais sistemáticos, continuam a escrever em versos. Entretanto, sem o amparo das musas, os versos destes novos poetas mudam de tom. Já não falam como embriagados. "Iluminados" qualifica-os melhor. O que Anaximandro anota não lhe toma mais que um instante, mas nesse instante a vida de reflexões brilha. Refletindo levou outros a refletir. Anaximandro convoca. Tempo e espaço não circunscrevem a convocação. Publicado, o escrito solicita a atenção dos que passam. Alerta para o perigo, para o fundamento móvel. À medida que passantes lêem, interpretam. O texto único se multiplica em textos. O limitado cai no sem-limites. Na poesia épica isso não acontecia. Só era possível recitar. Aprender significava repetir literalmente o retido. A resposta para acontecimentos localizados estava guardada no consagrado. O texto desencadeou uma conversa que ainda convoca interlocutores. Levando em consideração a atmosfera em que a frase surgiu, dialogamos com Anaximandro.

Não é fácil explicar a origem. O que causou o *big-bang*? Por que Gaia se dividiu em Terra e Céu? Anaximandro, leitor insatisfeito de Hesíodo, observando os seres (*ta onta*) que o cercam, busca explicação para o inumerável.

A multiplicidade geral agrava-se com o advento do homem, que não é mundo como os outros entes. Está no mundo. Toma distância para observar o que se passa. O olhar atento torna estranho o familiar. Bate em segredos. Observa, decifra. O intérprete é fonte de divisões: novos objetos, novas idéias, novas leis, novas constituições. Assim são os entes, ou essentes, inquietos, incontroláveis. O pensador não quer o mundo como soma, pensa num todo orgânico. Não é pelo caminho da invenção que se chegará à unidade. Se o progresso provoca a multiplicidade, invertendo os passos havemos de chegar ao que não tem fendas, divisões, limites? Derrubem-se o limite (*peras*), os limites, e chegamos ao indeterminado (*ápeiron*). O limite determina: a multiplicidade, o encadeamento e a oposição dos múltiplos, a coexistência, o convívio, os conflitos. A unidade antecede a pluralidade. O indeterminado é a matriz de todas as divisões: gregos e bárbaros, nativos e estrangeiros, homens e mulheres, sábios e ignorantes, plantas e animais, obras de arte e idéias. Sendo comum a origem, as diferenças não levantam barreiras intransponíveis. O ancestral comum, o *ápeiron,* alimenta o múltiplo. O indeterminado é a tela antes de as tintas definirem espaços e corpos. É o céu em que branquejam as nuvens, é a noite antes de cortada pelo raio, é o tabuleiro em que rolam os dados, é a folha em branco à espera de inscrições, é o que resta quando os riscos esmaecem.

Anaximandro substitui a Terra primitiva de Hesíodo pelo indeterminado, presente em todos os determinados sem confundir-se com eles. Simultaneamente presente e ausente, o indeterminado reúne. Não há precedência cronológica do indeterminado sobre os determinados. O indeterminado é o fundamento ontológico. Cada ato de nomeação tira do indeterminado. Do nome próprio ao nome comum, ao sem-nome há indeterminação gradual. O esquecido cai no indeterminado. A circularidade determinado-indeterminado não termina. O indeterminado é *arkhé,* governa.

O Um partiu-se primeiro em dois. Como? Anaximandro procura resposta na experiência cotidiana: a competição generalizada e impiedosa. Competem estados, cidadãos, profissionais. A competição produz a diferença. Se a justiça (*dike*) garante a igualdade, a origem da desigualdade está na não-justiça (*adikia*). Não-justiça é golpe desferido contra o peito da unidade, golpe que se repete mil vezes cada dia. Se agimos, golpeamos, movemos limites, arrojamo-nos ao perigo. Não se atribua conceito pejorativo à não-justiça, à divisão, à competição. Sem elas não seríamos, nem seria o mundo em que vivemos e lutamos. Anaximandro intenta conhecer o mundo, condená-lo está longe de seus propósitos. A *não-justiça* não nos lança obrigatoriamente na injustiça. A não-justiça leva a uma justiça diferente da serena igualdade originária. Houve um não proferido contra o sim. Qual foi o sim? O sim foi *dike,* o perfeito equilíbrio na substância indiferenciada, o silêncio original, a concórdia de todos os elementos, a paz sepulcral, o indeterminado.

Ocorreu a não-justiça. De quem contra quem? A primeira não-justiça, lesão sem reparo, foi romper a unidade, introduzir limites no todo sem fendas, suscitar a determinação (*peras*). Não se faça divisão maniqueísta entre justiça e não-justiça. A não-justiça abriga contrários. No seio da não-justiça a justiça estala. Sem conflito recaímos no indeterminado. Rebeldes são os entes nascidos da rebeldia. O limite separa e erige. Só a partir do limite somos. O limite afasta e une. Limitados, convivemos. O limite funda-nos como diferentes e na diferença nos sustenta. A tirania é condenável porque concentra em um só deveres de muitos. O que aspira à soberania do absoluto nega o limite, veta o direito de ser, ameaça todos os que são. O limite é condição para falar. Quando uma voz silencia, a outra soa. O traço que se risca no papel é o limite entre o sinal e o silêncio.

Somos compelidos e fonte de ação. Competimos voluntariamente por mais dolorosa que seja a refrega. Outros entes competem. Mas neles a hostilidade é irresistível. Só nós dizemos não a imposições. Só nós, interpelados, respondemos por nossos atos. As plantas vivem presas pelas raízes ao chão em que nasceram. Os animais aderem ao ambiente em que vivem. A nós nos delimitam fronteiras móveis. Ao romper, o homem cai na consciência da não-justiça cometida e da necessidade de reparação. Sabe as conseqüências do dizer não, as feridas que a negação provoca. Pela justiça e a não-justiça, relacionamo-nos com os demais e com o mundo. Responsavelmente ligados com todos e com tudo, saímos do isolamento. Rompida a unidade, encontramo-nos ante outros como ameaçadores ou ameaçados, como juízes ou como réus. Deflagrada a possibilidade de excesso, vivemos em risco. O risco é duplo: o indeterminado e os outros. O julgamento constrói uma rede universal de inter-relações. Sem julgar não se vive. Aprovamos ou reprovamos. A indiferença rompe, o julgamento une. Julgamento sempre renovado, processo sem fim. Anaximandro não reconhece multidão, indivíduos que ocupam o mesmo espaço sem conviver. Dar e receber constroem a comunidade política, cancelam espaços vazios entre um e outro.

Vivemos em conflito conosco mesmos e com os demais. As injustiças ocorrem no decurso da vida pelo desejo de reduzir o indeterminado aos limites de um dos determinados. Isso não se concretiza em virtude da resistência de outros determinados. Assim nos apoiamos mutuamente na determinação.

Diferentes: indivíduos, cidades, nações, partidos, exércitos, esquadras... Determinações sustentam a vida da cidade. Estabelecem um e outro, dentro e fora, permitido e proibido, meu e alheio. Rupturas, divisões, conflitos, esta é a vida dos diferentes, dolorosa e desejada. Provocamo-la sempre que agimos. Assuma-se a gravidade do ato. Competimos intencionalmente. Somos compelidos pelas circunstâncias? Seja. Vivemos no império da desigualdade, da não-justiça. A não-justiça não demite a justiça. A justiça trava o florescimento de um em detrimento dos demais. Sem justiça, triunfaria a violência, o massacre, a opressão, a tirania.

Visto que escolhemos conviver, somos políticos. Como perceber o eu sem que se confronte com o tu? É assim que se constituem a pólis peculiar e a universal. O indeterminado abre caminhos entre um e outro. Só na carne do indeterminado nós nos determinamos. O indeterminado impregna o que se determina. Viver na presença do indeterminado requer saber, escolha, prudência. Rejeição e simpatia constituem o outro. Sem apelo ou afastamento tudo some no indeterminado, em direção ao qual nos deterioramos. Percebemos os entes contra um fundo de indeterminação. Basta nossa desatenção para que o indeterminado apareça. A geração é aqui e agora. A cada instante regredimos e geramos, erguemos muralhas e as demolimos. Diferenciamo-nos na alegria e na dor porque cada alegria e cada dor sentida é única e intransferível.

O indeterminado não se apaga, impera como fonte e como ameaça. Se não falamos, se não pensamos, se não escrevemos, se não trabalhamos, provocamos o advento do indeterminado. Sendo o indeterminado ameaça, só nos determinamos agindo. Mantemo-nos vivos dizendo não ao indeterminado e aos determinados que nos negam o direito de viver. Rompidas as determinações, o indeterminado devora-nos. O conflito e a dor são o preço a pagar para continuarmos vivos.

Qual é a pena aplicável ao que provocou a divisão? Nova divisão. Dê-se a cada um o que lhe é devido. Faça-se justiça. Divida-se o que provocou divisões. A arte realiza-se na não-justiça, na quebra da normalidade, no desequilíbrio. Desequilibra para encontrar equilíbrio imprevisto. O escritor é para Joyce um *outlex*, um fora da lei e do léxico, um *ilexical*. Períodos há em que se pretende sufocar o indeterminado com o rigor das determinações. Mas a vida é jogo precisamente por causa do indeterminado. O indeterminado se oferece ao infinito das determinações. À medida que as fronteiras se delineiam, as indeterminações recuam. Traço nenhum é definitivo. O tempo altera tudo. Faz parte do jogo.

A não-justiça ocorre na ação. Temos muito em comum: o ar, a água, a luz. Convivemos e cooperamos. O equilíbrio é ameaçado pela vida, que é móvel, que altera o estabelecido. Como assegurar a estabilidade antes da morte?

Há justiça na morte se desejamos ser eternos? A deterioração, presente em todos, é paga pela infração primeira, a da divisão. A deterioração consome energias, mata. Graças à deterioração, permanece aberto o caminho, do determinado ao indeterminado. Não fosse assim, a divisão operaria multiplicações sem termo. Sem travas, a multiplicidade ruma ao incontrolável. Para vigiá-la, surge uma força neutra, o necessário (*to khreon*). Anaximandro buscou o necessário na epopéia de Homero (onde o encontramos na forma de *khreo*) porque ligado à ação. No agir o necessário se desvela. Como fazer sem saber o que é necessário fazer? A atenção às nossas obrigações e a convivência com os outros nos diz o que é necessário fazer. Há os bem-sucedidos. Esses aparecem com o tempo. Não se arvorarão em autoridade. Embora as circunstâncias se repitam, serão sempre outras. O necessário não elide decisões livres, ele, ao contrário, solicita-as. Sem decisões o jogo pára, os corpos paralisam. O necessário e o indeterminado se solicitam. Anaximandro busca o indeterminado na própria natureza para evitar determinação externa. O necessário age com a força que modela o feto no ventre materno. No poder do necessário a flor desabrocha, os ventos sopram, o sol levanta-se.

O limite determina: a multiplicidade, o encadeamento e a oposição dos múltiplos, a coexistência, o convívio, os conflitos. O necessário opera permanentemente. O necessário não atua cego. Age no jogo do que se multiplicou e se multiplica. Origina a oposição e a solidariedade entre os limitados. Sem a necessidade de convivência solidária, não obstante a divergência, a justiça nem sequer chegaria a se constituir. Como se instituiria se os conflitos não a demandassem. Conduzida pelo necessário, a deterioração devolve a pluralidade à origem, ao indeterminado, donde tudo se regenera. O necessário está a serviço do quê? Do todo e das partes, do vir-a-ser e da deterioração. Preservando o funcionamento do todo, evita a dor sem fim.

E o tempo? Nasce com a divisão. No indeterminado não há tempo porque não há sucessão, não há espera. Percebe-se o tempo no que nasce e se corrompe. O vir-a-ser e a deterioração são contínuos. Não procuremos o tempo no horizonte. O tempo age em organismos vivos. Deixa marcas em nós mesmos e na paisagem que atravessamos. Sem tempo não há geração, nem deterioração. O homem configura-se no tempo. Nada é incorrigível. Nada está acabado.

Anaximandro fala numa ordem do tempo, fundamento do tempo medido por astros ou por aparelhos, condição de convivência. Como poderíamos reunir-nos sem data nem horário? A ordem do tempo divide o fluir indiferenciado. Determina a duração de cada um, o período de atuação. O tempo situa-nos em relação aos outros, em relação ao que fomos, ao que havemos de ser, ao que estamos sendo. O tempo é a vida do todo. Graças ao vir-a-ser e à deterioração o mundo se renova. Os projetos amadurecem no tempo. O tempo tem uma ordem, mas esta não é inflexível. Períodos cronológicos podem ser dilatados ou retardados.

Do que já foi nos alimentamos. Reelaboramos lembranças individuais e grupais. Refletimos sobre experiências recentes ou remotas. Projetamos o vivido reelaborado sobre o que está sendo, sobre o que há de vir. Nos projetos antevemos, antecipamos, avançamos para o incerto. A deterioração instala-se já no início da execução. O presente é o período em que vir-a-ser e deterioração atuam. O futuro e o passado encontram-se. O tempo fecha-se em círculo. A deterioração e o vir-a-ser produzem o tempo e o mantêm em circulação. O que resta do presente deposita-se em baús individuais ou coletivos, a eles recorremos para produzir o que ainda não é. A fruta que se corrompe semeia o solo, e o solo gera novos troncos. Vir-a-ser e deterioração impedem que o tempo se fragmente numa sucessão de agoras. O tempo móvel, o nosso, projeta-se contra o indeterminado em que agora, antes e depois se anulam. Estamos num jogo de xadrez em que cada lance afeta todas as peças em jogo, orienta táticas, apressa ou retarda o fim. Lances iluminam o que é, o que será e o que já foi. O vir-a-ser produz o novo. Ora, o ingresso do novo rompe o equíbrio, obriga a reacomodamentos. Reiteração literal não há. A deterioração leva à paz, à estabilidade, à equivalência, ao indeterminado – final de jogo.

E a sentença... Porque ela já não foi aplicada? O tempo é a resposta. Entre a infração e o castigo transcorre tempo. A laranja apodrece gradativamente e sempre. A sentença é um processo em curso. A vida transcorre entre estes dois pontos, a infração e a execução da sentença. Sem protelação, a vida não seria. Percebe-se nos que agem a vontade de permanecer no decurso, no discurso. O discurso risca o indeterminado como um clarão. Retarda a deterioração. Os que entram na epopéia duram mais. Ações são traços riscados no indeterminado. Ainda que materialmente um livro desapareça, os traços que o criaram renovam-se em outros. A superfície em que Anaximandro riscou a única frase que dele temos sumiu, a frase permaneceu.

Conhecendo a lei da deterioração, podemos

prever. Da possibilidade de prever nascem sistemas verbais, discursos, planos de governo, tentativas de compreender o enigma em que estamos inseridos. Falamos e escrevemos para interpretar e compreender o mistério que nos aguarda. Desarmados de textos, ficamos sem explicação para o abismo sombrio que nos aguarda. Nas cidades que construímos, solidarizamo-nos com pessoas que vivem sob a mesma ameaça. Ente algum (incluam-se os deuses) poderia sustentar a totalidade. Como partes do todo vivemos na não-justiça, sujeitos à mesma punição.

Em oposição aos entes, declara Anaximandro que o *apeiron* (o sem-fronteiras, sem limites) é perpétuo (*aídion-aei*) e sem velhice (B2), sem morte (B3). Sendo pleno, não há nenhuma razão para que se corrompa. Não tendo cometido infração, não há razão para ser punido. O indeterminado dura, sorri na corola das flores e nos lábios das crianças. É promessa e abismo, fonte e destino.

No indeterminado, os entes determinam-se. No determinado, mostra-se o indeterminado, sem contornos temporais, eterno, voragem do limitado. O indeterminado é *aídion* (como poderíamos esquecer o *aídes* – o hades – o que não se vê?), o que só no limitado se faz visível, o que ultrapassa e compreende todos os visíveis. A eternidade vive-se, toca-se, experimenta-se. No cheiro desta flor abre-se o leque fragrante de todas as flores. O discurso transcorre no tempo. O tempo abre um buraco no indeterminado. Temporaliza o indeterminado que é sem tempo. O tempo faz o indeterminado ser, vir a ser. Somos gerados e nos corrompemos rumo ao indeterminado.

A prioridade lógica do *ápeiron* não nos obriga a pensar em prioridade cronológica. Projeções: o uno e o múltiplo, a justiça e a não-justiça, o determinado e o indeterminado, o vir-a-ser e a deterioração, a vida e a morte.

O julgamento universal abre a história dos julgamentos. Todo julgamento particular é atravessado pelo julgamento geral. O geral alimenta o particular.

Anaximandro é um dos primeiros a refletir sobre justiça. Recebemos embriões de matéria complexa. Os que refletem sobre o tema desvendam-lhe a complexidade. Somos convocados para julgar. Estamos maduros? Alguns dos sofistas dirão que justiça é fazer bem aos amigos e mal aos inimigos. Isso poderá ter sentido se aceitarmos o questionável princípio sofístico de que o homem é a medida de todas as coisas. Mas atentos a Anaximandro, há que reconhecer que não somos o todo, somos parte rebelde dele. Com que direito podemos proceder como se nossos interesses coincidissem com os interesses do todo? A investigação socrática abalará as normas sofísticas. Quem são meus amigos – perguntará Sócrates –, os que parecem ser amigos ou os que o são de fato? Poderá suceder que amigos meus são aqueles que me dizem coisas que não quero ouvir e inimigos são aqueles que considero amigos porque me adulam. Somos seres velados. Recorremos ao velamento como defesa. Por mais sedutora que seja a aparência, devemos estar prevenidos de que nem tudo se reduz a ela.

Falávamos de paixão e de paixão trata o teatro. A *Oréstia* de Ésquilo, por exemplo. Reexaminemo-la na perspectiva da frase de Anaximandro. Por determinação divina, Agamênon sacrifica sua filha Ifigênia a fim de que ventos favoráveis levem a frota grega a Tróia. Ora, sacrifício humano, mesmo por motivos religiosos, reclama reparação. A punição do crime cabe à pessoa diretamente atingida, a mãe, Clitemnestra, esposa do assassino. Clitemnestra trai o marido com Egisto e com o auxílio deste mata o marido ao retornar do campo de batalha. O excesso de Agamênon foi punido. Mas isso só depois de dez anos. Durante esse tempo, Agamênon lutou e venceu. A reparação do mal obedece a um período de maturação. Assim o estabelece a ordem do tempo. Clitemnestra puniu o crime com outro crime. Compete a seu filho Orestes vingar a morte do pai. Decorridos outros dez anos, obediente a Apolo, Orestes mancha as mãos com o sangue da mãe, sofrendo a incansável perseguição das Eríneas, incumbidas de punir os matricidas. Atormentado, Orestes vai a Delfos, rogando proteção à divindade que o fez criminoso. O intrincado da questão deixa perplexo o próprio deus da ponderação. Não ocorre a Apolo solução melhor do que levar a questão ao recém-fundado tribunal de Atenas, que se reúne no Areópago. Orestes tem a felicidade de encontrar na cadeira de juiz a própria Palas Atena. Ouvidas as partes e apurados os votos do corpo de jurados, Palas Atena transforma as acusadoras, em Eumênides, divindades benfazejas, e absolve Orestes.

O que nos diz Ésquilo? Que uma das instituições democráticas, o tribunal, pode contornar os efeitos sanguinários da paixão. Isso não quer dizer que juízes e jurados não sejam afetados por ela. Mas os riscos são menores. A sentença é proferida pela deusa da razão. Com paixões Palas Atena convive desde a *Ilíada*. Quem detém a espada do sanguinário Aquiles, levantada contra companheiros, é ela. Atena não aniquila os apaixonados, mas os torna socialmente úteis.

O tribunal, que ainda não existia no tempo de Anaximandro, não contradiz suas reflexões. Cabe ao homem descobrir como punir os excessos num mundo plural. Antes do tribunal, justiça faziam os atingidos pelo crime. Foi uma solução. Foi a melhor? A justiça confiada à vingança leva a uma cadeia sem fim. Se fôssemos incumbidos de punir individualmente infratores com critérios nossos converteríamos a sociedade num campo de batalha sem fronteiras. Levamos muito tempo para descobri-lo. Descobrir o que é melhor para o mundo da não-justiça é tarefa de mentes vigilantes. Palas Atena deverá iluminar as mentes.

Palas Atena propõe uma terceira posição, eqüidistante dos pólos em conflito, o juiz, que introduz a comparação, a simetria, a medida. O juiz constrói a estabilidade na instabilidade. O vir-a-ser produz o novo. Ora, o ingresso do novo rompe o equilíbrio, obriga a reacomodamentos. Reiteração literal não há.

O mundo não é pacífico. Tensões grassam no estado democrático. Os gregos não ocultam dores nem conflitos. Importa aprender a conviver com nossas diferenças, ver na diferença valor. O desenvolvimento faz-se à medida que as diferenças progridem em diferenças ainda maiores. O conflito, dirá Heráclito, é pai de todas as coisas.

Retornemos ao necessário. O necessário não predetermina o que há de acontecer. Necessária é a justiça. Sem ela não há como viver. Que modalidade de justiça? Isso não está previsto. Surgido o tribunal, não temos garantia de que a vingança seja extinta. A vingança impera depois de milênios de tribunal e não há indícios de que termine um dia. Nem sempre Palas Atena preside. O tribunal está na mira de poderes que favorecem bem poucos. Muitos fatores concorrem para que o necessário aconteça. Nunca sabemos com que rosto o necessário se mostrará. A não-justiça não está protegida contra a injustiça. Injustiça cometemos se nos lançamos contra entes e lhes tiramos o direito de ser. Não esqueçamos a democracia universal constituída de árvores e de rios, de baleias e de tigres, de macacos e de pagagaios. A voz do Dedalus do *Ulisses*: deixa-me ser, deixa-me viver – ouve-se em todas as bocas.

A antiga voz de Anaximandro soa ainda em Carlos Drummond de Andrade. *Este é um mundo partido, um mundo de homens partidos,* diz o itabirano em "Nosso tempo". Se não fôssemos partidos seríamos um amálgama indiferenciado. Organizamo-nos para a construção de um mundo em que somos responsáveis, em que mutuamente nos apoiamos. Aplaudimos a diferença porque sem a diferença não poderíamos ser. Evitamos aquilo que Drummond temia, o que imperava na carnificina da Segunda Guerra Mundial, o caos, o mundo sem sentido. Se o sentido fosse produto natural do necessário, as inteligências pluralizadas estariam demitidas. Convém que os partidos se unam para construir uma comunidade em que valha a pena viver.

3. Revelações da grafia

Xenófanes, jônio de Colofão, lembra Ulisses, o homem que conheceu o espírito de muitos povos. Conheceu ou quis conhecer? Na verdade, Ulisses nunca se afastou dos costumes de sua gente. Ulisses espelha Homero. Nos poemas homéricos todos rendem culto a deuses olímpicos, sejam troianos, etíopes ou habitantes de Esquéria. Homero heleniza até lendas germânicas. Uma fada munida de varinha de condão, trazida das florestas do Norte, vira Circe na *Odisséia.* Todos falam grego. Até Polifemo. A brincadeira que Ulisses faz com o seu próprio nome na caverna do gigante só é compreensível apenas a quem sabe a língua do navegador. A Ulisses, lhe é familiar território grego. Quando se afasta da Grécia, vê bruxas e canibais. Esquéria já tem características de estado grego. A ilha de Alcino é como o guerreiro se imagina retornando a Ítaca: trono cercado de corte próspera, gente simples, ordeira e feliz. A deslumbrante Nausícaa tem a idade de seu filho. Em Esquéria Ulisses reassume a fala. É lá que ele faz o balanço de sua vida. Converte suas aventuras no mar em poesia. Metaforiza, para o encanto de seus ouvintes, aventuras concretas.

Xenófanes foi o primeiro grego a indagar como não-gregos de fato são. Deixou sua terra como exilado. Viajou, antes de se fixar na Sicília, mas não como turista. O turista parte pelo prazer de viajar, de ver. Diverte-se à medida de seus recursos. Tem prazo marcado para estar. A atitude do exilado é outra. Seu interesse é de ficar mesmo em situação adversa. Exige pouco. O turista vê para se ilustrar, o exilado vê para ficar por prazo indeterminado. Vê para compreender, para rever o que trouxe. Xenófanes viu com olhos de exilado. Comparou. Descobriu em estátuas e pinturas sistemas sígnicos que podiam ser lidos por pessoas que falam outra língua. Entenda-se o exilado, um que perdeu a proteção das muralhas, da lei, da tradição. Desprotegido, vê sem preconceitos, é capaz de produzir conceitos imprevistos. Nem sempre o mais próximo é o que conhecemos melhor. A apreciação de um quadro requer distância. Longe dos lugares que regularmente freqüentamos, o que é nosso se esclarece.

Estereotipada é a cidade que exila. Querendo purificar-se, agrava sua própria mumificação por excluir quem poderia chamá-la à vida. O exilado livra-se da paralisia que poderia causar-lhe a morte. O exílio pune e constrói. Do olhar de Xenófanes, um exilado, brotam novas relações entre os homens. O que a Grécia é? A Grécia não é, ela se faz. O olhar interessado em outros povos não nasce de um destino inerente aos gregos. Nasce de uma prática condenável. Xenófanes encabeça uma linhagem de homens desejosos de saber como os estrangeiros são.

Xenófanes não se comporta como turista apressado, nem é espontâneo como Anaximandro. Xenófanes elabora artisticamente as anotações. Embora continue a fazer versos, Xenófanes subverte a arte até aqui sujeita à soberana voz divina. Ajusta a cadência aos olhos. A observação quebra a homogeneidade da poesia oral. A autoridade passa de cabedais oralmente transmitidos ao observado. Não digeridas pela tradição helênica, diferenças vigoram como tais. Xenófanes não está interessado em contar histórias como Heródoto mas em refletir sobre o observado.

Heródoto prestava atenção ao que ouvia. Pensava que a opinião viva das pessoas, embora pouco rigorosa, refletia melhor a realidade do que registros oficiais. Xenófanes volta-se ao grafado. Viu esculturas, viu pinturas, viu ideogramas próximos da pintura. Havia outra verdade nas grafias, a verdade das pessoas. Lia o espírito como Ulisses, mas o espírito materializado em formas.

se mãos tivessem bois, cavalos ou leões, se soubessem

grafar e concluir obras como os homens, os cavalos

traçariam imagens de deuses semelhantes a cavalos;
os bois, a bois; e cada espécie produziria corpos divinos
semelhantes a seus próprios organismos. (15)

Homero acentua a diferença centro-periferia, grego-bárbaro. Xenófanes anula a tópica homérica. Um conjunto de fatores faz com que diferentes sejam diferentes, tão diferentes quanto leões, cavalos e bois. Qual é o centro? Bois e cavalos são distintos, mas não seria procedente declarar que cavalos são mais nobres que bois. Atendem a necessidades diferentes. Juízo valorativo seria improcedente. Por que afirmar que um povo saiba mais que outros? Sabe coisas diferentes.

A viagem de Xenófanes foi uma aventura do olhar. No desfilar dos horizontes, o espetáculo inquieta o exilado. Quem sempre vê o mesmo conhece? Por que viajar quando a viagem confirma o já sabido? As imagens sucedem-se. Uma imagem sobrepõe-se a outra. Dar atenção às imagens ou a representações que se afastam das imagens: conceitos, mitos – eis a questão.

Xenófanes observa. Nem todo olhar submete. Não é esse seu destino. É certo que o olhar da Medusa petrifica. Mas é um olhar que vem da morte. O olhar do escultor é diferente. O cinzel imprime vida na pedra. Desperta nela o que ela pode dar. Assim é o olhar enamorado: inflama as faces, acelera as pulsações, arrepia a pele. Petrificador era o olhar grego. Os vizinhos, vistos como bárbaros, perdiam história e identidade. Era o começo da escravidão, do sofrimento, da morte. O olhar de Xenófanes já não é o de seus maiores. Como exilado, o pensador vaga pelo mundo sem pátria. Não olha de cima. Olha para diferentes. Começa uma nova história: a troca de experiências para a construção do que ainda não existe. O olho educado para dominar determina-se a observar. Perguntadas sobre o que querem dizer, estátuas começam a falar. Petrificante é o olhar que não pergunta nada. No olhar de Xenófanes, o estranho deixa de ser hostil para se fazer fonte de saber, de compreensão, de convivência. A diferença já não estimula a agressão.

Xenófanes olha para as mãos. A mão procura dominar o traço – que exprima, que fale. Os movimentos livres da vida e a ordem. Nietzsche viu na oposição Dioniso-Apolo a origem da tragédia. Apolo: a vontade de impor limites, de emoldurar, de enquadrar. Conflito: A pura geometria não tem o que dizer, a espontaneidade pura não sabe como dizer. Heráclito: reta e curva, um e o mesmo. Joyce: a arte impura, a tensão de opostos, a margem e o *imarginável*. Caligrafia: a beleza que se espera alcançar pela disciplina. A mão ensaia, avança, pára, entrelaça, rompe. Mãos traçam fronteiras para conter, proteger, diversificar. Sem linhas recaímos na desordem, na impossibilidade de entender.

Xenófanes quer saber o que homens fazem. Pensamentos precedem a ação? Projetos há. Mas esses não se elaboram sem levar em consideração materiais e instrumentos. Projetos não existem enquanto não se concretizam em palavras ou traços. O pensamento não precede a ação. Pensamento é ação. A execução altera o projeto. Tela e tinta têm exigências que o pintor não prevê. O que o homem pensa, o que o homem é aparecem no que o homem faz. A obra constrói o artista. O artista é produto do trabalho de suas mãos. Grupos diferenciam-se pelo que fazem. No fazer de um povo colaboram muitas mãos. Há diferenças individuais e coletivas. O uso das mãos e dos materiais fazem a diferença. O trabalho das mãos afasta da natureza. Esquecido o trabalho das mãos, recaímos na natureza. Xenófanes vê o trabalho das mãos. Grafia é o que não é natureza. Além dos produtos da natureza, Xenófanes considera o trabalho das mãos.

As obras artísticas são imagens (*ideai*), representações visuais. A arte revela o homem. Isso é revolucionário. A atenção estava concentrada até aqui na fonte, a memória coletiva, as musas – divindades incumbidas de elaborar o transmitido. Xenófanes desprende as imagens dessa fonte. Se cavalos e bois tivessem mãos, não deixariam de ser cavalos e bois, mas dariam à eqüinidade e à bovinidade plena expressão. Os bois e os cavalos como nós os conhecemos são produto de quem os domina. Conhecemo-los como alimento, como tração, como condução. Se bois e cavalos tivessem mãos, escapariam das nossas mãos e nos ofereceriam imagens de si nunca produzidas por homem algum.

O termo "bárbaro" apaga distinções. Egípcios, hindus ou persas são chamados bárbaros como se entre eles não houvesse diferença. Bárbaros, porque o que produzem não merece atenção, produtos do olhar como bois e cavalos. Combatidos, em razão disso, e escravizados. É como colonizador que Ulisses visita povos. Observando, entretanto, o que produzem, povos não-helênicos aparecem tão diferentes quanto leões, cavalos e bois. Povo algum é por si mesmo bárbaro. O bárbaro é aviltado a partir de outro lugar. Um povo que assume a barbárie deprecia o seu lugar em favor de um lugar estranho. No instante em que o excluído se vê com seus próprios olhos, o barbarismo some.

Se tivessem mãos... Xenófanes dá mãos. Filho do seu século, o sexto antes de Cristo, Xenófanes distribui mãos prometéicas. O homem industrioso já não vive sob a tutela do passado. Já não são os deuses que produzem os homens. Produzindo imagens, o homem retrata nelas o seu próprio rosto.

Se mãos tivessem bois, cavalos ou leões... A linguagem poética não se construía assim. Poesia não se baseava em hipóteses, firmava-se em certezas que vinham da tradição. A hipótese, confirmada pela observação, permite fazer conjeturas adequadas até a povos desconhecidos, vivam onde viverem. O que produzem não estará subordinado, com certeza, a padrões universais. Mãos, pedras e tintas imporão diferenças. A arte os fará diferentes.

Se soubessem grafar... Grafar (*graphein*) abarca escrever e pintar. O verbo aproxima escrita, arte literária e pintura. A crítica ao mito (palavra falada) eclode nas artes plásticas. O trabalho das mãos, verificável, insurge-se contra informações orais: autoritárias, inverificáveis. O canto das musas, sem resposta para diferenças, suprimia o diferente.

Anaximandro inventou a prosa literária sem refletir sobre o grafar. Xenófanes reflete a partir do grafar, sobre a invenção. O que diferentes povos grafam é determinado por condições peculiares. Antes de julgar é preciso observar. Ponto de vista centralizador apequena diferenças.

Se soubessem grafar... e os homens sabem? Se soubessem já teriam chegado aonde querem chegar. Grafar é contínuo aprendizado. Quem grafa retoma os exercícios de caligrafia. Grafar é recomeçar. Como cavalos e bois vivem aquém da grafia, são sempre iguais a si mesmos. A grafia divide, transforma. Atravessados pela grafia já não somos quem fomos. A biografia registra etapas de persistente transformação. Como poderíamos reencontrar-nos conosco mesmos, se já não somos quem fomos?

O mito confundia com a natureza o transmitido pela voz. Contra a autoridade do mito, Xenófanes observa que o saber vem do grafar. Este é o campo da experimentação. Aí se organizam as idéias. Seja lacunoso o grafar, a lacuna exprime o homem. Grafia não é registro do que se pensou, do que se viu. A grafia revela a quem grafa um universo que ele antes de grafar não conhecia. A grafia é viva e ativa. Depois de riscada, a página não é mais a mesma. Aos olhos do observador, a grafia de outros tempos revive. A grafia expõe o pensamento acontecendo. Sendo viva, pode ser contestada, reelaborada.

A grafia funda o espaço. Sem grafia, sem geografia, não poderíamos distinguir um lugar do outro. Na grafia o espaço aparece, desdobra-se, expande-se. A grafia revela-nos outros lugares além do nosso e nos faz andar.

A grafia, que compreende a lei (*nomos*), é o fundamento do estado democrático. Em Hesíodo, juízes ainda estavam subordinados a Zeus através das musas. Os deuses não ditam leis para o estado democrático nem este obedece a leis da natureza. Fundado na grafia, o estado democrático se destaca da natureza. Só assim o estado é livre. Tem a dúvida e a instabilidade como conseqüência. Instabilidade não é maldição, é convocação para relações responsáveis. Sábia é a legislação que não tolhe, que estimula a invenção.

Insistamos numa das modalidades da grafia, a escrita. Esta não transcreve a literatura oral, como se fosse só revestimento exterior ou instrumento para fixar o que a oralidade produziu. Oralidade e escrita delimitam-se em sistemas diferentes. Em certo sentido, a escrita antecede a oralidade, visto que o corte operado entre o homem e o que o cerca precede a fala, bem como as imagens que se acumulam na lembrança e os signos que as elaboram.

Cada grupo constrói universo seu, realização e limite. Fronteiras protegem e detêm. Xenófanes, o exilado, ao percorrer atentamente muitas terras, prepara o advento de Heródoto. Olhos gregos abrem-se a outros mundos. O conhecimento do alheio afeta o próprio. Estátuas familiares já não confortam como outrora. Como considerar divinas obras em que nós próprios nos expressamos?

Ao expandir-se na terra, o homem deixa marcas, risca o solo, define. Povos são textos inscritos em contextos. Textos escritos no solo percorreu Xenófanes. O que viu Xenófanes? Viu grafias. Grafias definem povos. Grafias redefinem montes, rios, vales. A grafia reorganiza tempo e espaço.

O artesão produz e se produz. No produzir vai além de si. E se reconhece na obra. Vê na obra o que deseja de si. O produto é opressor só se o produtor se deseja oprimido. Se o objetivo do produtor é produzir a beleza, o produto liberta.

Platão, ao erguer a imagem (*idea*) a valor absoluto, garante a passagem sem saltos do mais rudimentar ao mais abrangente. O que parecia depreciação do cotidiano é na verdade o estabelecimento da unidade do saber. Graves são, entretanto, as conseqüências. A unidade empalideceu a diversidade, valorizada por Xenófanes. Platão arrebata imagens das mãos, restam sombras.

os deuses não mostraram no princípio tudo aos homens,

mas estes, com o tempo (khronos), buscando, acharam o melhor. (18)

O homem navega através da história, viagem jamais concluída, viagem marcada pelo grafar. Percebem-se as diferentes etapas da navegação pelos sinais deixados em pranchas, em paredes, em rolos de papiro, em livros. Viagem em andamento. Obscuras são as origens e sombrio é o destino. Onde fica a Ítaca do homem? Se chegar, o homem ainda será homem? Ítaca ainda será a mesma? O homem se reconhece no navegar.

Arrancado da fixidez da natureza, o homem avança. Começa por rudimentos. Se há amparo divino, a divindade é parcimoniosa em concessões para que o homem se possa robustecer. Outras espécies recebem tudo ao nascer. Nascem adultas. O homem nasce imaturo. Imaturidade irremediável. Não fôssemos imaturos, não teríamos o que aprender. Em lugar da revelação, a descoberta. Em lugar do domínio sobre o mundo, o desvendamento gradativo, fatos que se enredam e desenredam. Fim adiado. Avanço com interrupções, recuos, quebras, recomeços. Histórias não têm fim, a história não tem fim. Fins são antecipações do que não conclui. O todo desde sempre acontecendo não tem fim. Circulando no todo, fazemos o todo acontecer.

O tempo transforma, melhora. O que é o melhor? Como sabê-lo antes de o melhor aparecer? Previsíveis são os fenômenos da natureza, os possíveis da ação humana fogem ao controle. O homem só conhece o êxito ou o fracasso depois da ação. O modelo não ficou no passado. O homem se produz sem modelo. A cultura não reelaborada é carga que não deixa avançar. A grafia vai-se construindo através de indivíduos e de gerações.

Um traço inusitado ressoa em todas as grafias num grafar universal sem início nem fim. A história constrói-se com deslocamentos. Quando fios se enredam o homem se sente protagonista duma trama. Na trama caminhos se cruzam.

O homem prometéico do sexto século toma o futuro em suas próprias mãos. Apropriando-se de instrumentos outrora monopolizados pelos deuses, ele próprio se define. Distanciando-se da natureza, não trilha caminhos pré-traçados, abre veredas próprias na medicina, na indústria, na agricultura, na matemática, na troca de produtos, na organização militar, na política. A ação lança o homem contra limites. Nem assim deixa de ousar. Deuses vingativos ameaçam como forças retrógradas.

todo (*oulos*) vê, todo conhece, todo ouve. (24)

A oração não tem sujeito. Xenófanes força a sintaxe. Como falar do que não tem nome? O sujeito é uma das exigências das línguas ocidentais. Há exceções. *Chove* não tem sujeito. Não dizemos "isto (*it, es*) chove" como o fazem outras línguas. Xenófanes, ao se elevar acima das divisões, raciocina como nós quando dizemos chove.

Quem é este que todo vê? Ele não tem nome. Tivesse nome, ele seria parte do todo, não seria *oulos*, o todo. Vemos na visibilidade, conhecemos na cognoscibilidade, ouvimos na audibilidade. Visibilidade, cognoscibilidade, audibilidade confluem no todo. Se é todo olho, todo saber, todo ouvido, tudo lhe é presente. O ausente, sendo tudo o que o homem não é, não é grafável. Como pintar, esculpir ou descrever o que é todo olho, todo saber, todo ouvido? Como há limites entre o conhecimento do homem e de outras espécies, há limites entre o homem e o todo. O homem está acima do cavalo que não tem mãos e está muito aquém do que é tudo.

Por mais que viajemos, não chegaremos a saber o que o ausente sabe. Outros nos ensinam que podemos enxergar as coisas com outros olhos. Outros nos alertam para o que não víamos. Erro não será o saber que excluímos? A viagem por povos, idéias e livros nos abre os olhos. Impossível será reduzir todos os olhos a um olho só. Não nos é dado habitar na luz sem sombra. Limitações tornam-nos solidários. O concurso de muitos olhos permite-nos ver mais e melhor do que um olho só. O que tudo vê pavimenta o caminho entre uns olhos e outros.

O que abriga todos os olhos, todos os pontos de vista, todas as opiniões emitidas e por emitir, o que é todo ouvidos, mistura de todas as línguas, de todas as linguagens, convergência de pluralidades, habita ponto utópico. A utopia movimenta os excluídos, os que não se sentem bem no lugar em que estão, anuncia um lugar que não exclui ninguém, lugar em que textos se opõem sem se aniquilarem, em que diferentes diferem para gerar diferenças, lugar em que todos grafam sem proibição. Sem utopia, o que seria do topos em que estamos? O que seria dos que andam sem ter para onde ir? O todo não exila porque fora dele não há lugar. O todo é uma afirmação política contra a indevida elevação hegemônica de uma das partes. Ele é todo ouvidos porque está atento a todas as vozes. Qual é a Ítaca de quem grafa? Com o que todo vê sonha o exilado.

Aproximemos o que ensina Xenófanes a uma das últimas aventuras de Ulisses, a dos bois de

Hélio. Homero tem o mérito de expressar idéias complexas com imagem de cândida simplicidade. Ulisses e seus homens conviviam por semanas com os pingues rebanhos de Hélio. A propriedade do deus solar era intocável. Ulisses advertiu seus homens de não ousarem tocar nos bois de quem tudo vê. A fome foi mais forte que a proibição. Num momento de distração do comandante, os marinheiros abatem uma das reses e se deliciam com carne de sabor incomparável. O mal estava feito. Como os ventos sopram favoráveis, Ulisses continua a infausta viagem. Hélio pune a cegueira dos insolentes. O barco afunda, só Ulisses se salva. Os incautos antecipam o fim. Enredam-se como definitiva numa satisfação momentânea. O naufrágio que os devora só confirma o mal que eles a si próprios já tinham infligido. O máximo que podemos esperar é a sorte de Ulisses, longe de Hélio que é todo olhos e acima dos afoitos com olhos só para o imediato. Enquanto não naufragamos na escuridão navegamos.

um só deus (heis theós) *entre os deuses e entre os homens é o maior, não é semelhante aos mortais nem quanto ao corpo nem quanto à inteligência.* (23)

Mito não é todo o saber, não é ausência de saber. Distante dos extremos, pode-se conversar com ele. Redefina-se a palavra *deus,* a partir de uma de suas acepções: luz. Os deuses míticos ficam aquém do todo. Abrem o caminho ao todo, mas o todo os excede. À luz que é só luz, todas as sombras, todas as grafias se apagam. A pluralidade submerge na unidade. Se elevamos *deus* ao todo, chegamos ao homem por contraste. O deus xenofânico não se deixa aprisionar. Distante de todas as representações de deus, entrega-nos à solidão. Os deuses retiraram-se a distâncias tão grandes que já não se pode vê-los nem compreendê-los. A distância, embora penosa, resguarda-nos de constrangimentos. Sós, não estamos sujeitos a forças que predeterminem nossos atos. O homem só a si mesmo se destina.

Para Xenófanes, a grafia rompe com leis não-grafadas. O grafado diversifica-se de acordo com as tendências dos que grafam. Elevando-se sobre as representações observadas, percebe com os olhos da mente uma idéia não derivada dos sentidos.

Xenófanes é filósofo? Filósofo ele se mostra quando reflete sobre o todo, mas quando se detém na diversidade das grafias comporta-se como *filófoso* (termo criado por Joyce), o investigador do visível.

Na pólis ou se estava integrado no grupo ou se era estranho ao grupo. Neste último caso, ocorria um processo de exclusão que terminava no exílio ou na morte. O exilado confronta-se, contudo, com outro grupo no qual terá que integrar-se para não sofrer outra segregação. Como, entretanto, integrar-se sem conhecer? O conhecimento diminui a estranheza. Xenófanes entre o próprio e o estranho, conhece sem integrar-se de todo. Distancia-se de sua própria cidade sem anular as diferenças com outra. Aliás, Xenófanes foi exilado porque vivia inquieto. O exílio aconteceu quando, para a comunidade em que vivia, o estranhamento tinha atingido um patamar insuportável. A posição reflexiva que assumiu distanciou-o de todos, de tudo.

Observe-se a correspondência da série homem, cavalo, boi, leão e esta outra, cidadão, grego, escravo, bárbaro. Ao mais distante (leão e bárbaro), hostil e temido, reagia-se com agressão e extermínio. Xenófanes, o exilado, eqüidistante de todos, nivela grupos em conflito. Extintos privilégios, somem motivos para agressões.

Estranhos tornam-se todos os deuses. De todos distancia-se um, o estranhíssimo. Mas nem este, recuou tanto que sobre ele não se possa refletir. O espaço reflexivo aproxima e distancia. Sem a proteção do saber herdado, a reflexão impede que o abandono seja completo.

Comparemos Xenófanes com Sócrates. Suponhamos que a idéia do deus que se aloja acima de todos os deuses já lhe tivesse ocorrido antes do exílio e que a tivesse exposto em preleções públicas. Fácil seria culpá-lo de ofender a religião oficial e convencer o povo de que a presença do inovador era perniciosa ao estado. Xenófanes, ao contrário de Sócrates, julgando que não valia a pena morrer por causa da ignorância da maioria, escolhe o exílio. Andanças sem roteiro definido permitiram-lhe aprofundar o que já antes tinha percebido.

A grafia merece reflexão brasileira. Recordemos *Os tristes trópicos* de Lévi-Strauss. Um cacique nhambiquara, vendo-o escrever, imita-o para impor respeito aos subordinados. O antropólogo, com cinco anos vividos na floresta brasileira, baseado no episódio, conclui que a escrita é instrumento de opressão. Assim foi no Egito Antigo. Assim é no Brasil?

Reexaminemos a conclusão do observador. A escrita é opressiva quando só o cacique escreve ou quando apenas uma classe escreve como ocorreu às margens do Nilo e na Idade Média. À medida que aumentam os escreventes aumentam os caciques. Em nossa terra, sujeitos a caciques estão os que não sabem escrever ou os que mal escrevem. Quem não tem mãos para escrever, afirma Xenófanes, não se levanta acima do nível de cavalos e bois. Seremos um estado verdadeiramente democrático quando a escrita fizer de todos os brasileiros caciques.

Sólon escreve leis para Atenas e se retira. A lei mostra-se forte quando operativa longe de quem a escreveu ou mandou escrever. A escrita não está sujeita a autoridade, ela constrói autoridades.

4. Vida é jogo

Das poucas e incertas informações biográficas que nos restam de Heráclito, duas são de caráter político: teria renunciado funções reais em favor do irmão, teria recusado um convite de Dario. Estes dados podem ter sido deduzidos de seu espólio literário por pósteros. Nas nascentes democracias gregas do sexto século antes de Cristo, a dignidade real tinha sido reduzida a respeito religioso reservado a cidadãos pertencentes a classes nobres. Em Éfeso, cidade em que se recusava o poder concentrado em um só, a monarquia inspirava temor. Revisitamos Heráclito com vistas à democracia. Não serão seus aforismos persistente debate com iguais para a construção de um espaço comum? Empenha-se em conectar os entes na cidade, no texto, no contexto universal. Heráclito sabe ser brilhante quando escreve. Na produção da sentença lapidar, ele se mantém próximo de Anaximandro. As reflexões, que atingem muitas áreas, recolhem fragmentos no todo. Tanto no domínio público como no privado, dá com pessoas adormecidas. Encerram-se em abrigos pequenos – construídos por outros ou por eles mesmos – em que não cabe mais que um. Intimida-o o discurso (mítico, político ou filosófico) que se quer concluído. Quem o exerce ameaça com atos autoritários. Heráclito não escreve para expressar-se, para transmitir o que secretamente pensou, mas para despertar adormecidos, para provocar a passagem do silêncio à fala.

É preciso que o povo se bata pela lei como se bate pelas muralhas. (B 44)

A necessidade migra da natureza ao povo. Lei que requer defensores não é da natureza. Leis da natureza defendem-se a si mesmas. Quem interviria para manter o sol na órbita? Nem teria sentido convocar o povo para defender leis inflexíveis. Merece aplauso a luta pela lei deliberada, venha ela da assembléia ou de um legislador eleito. Nas monarquias absolutas, exige-se obediência a determinações emanadas da autoridade de um só e não do consenso de muitos. A lei escrita, tomando o lugar da vontade soberana, expõe a todos o que é de todos. Desprendida do monarca, a lei orienta sem tutela coroada, congrega.

Por esse tempo, a lei da cidade e a do universo começam a distanciar-se. Interesses peculiares diversificam legislações. Quem legisla está atento ao tempo e ao lugar em que atua. Qual é a eficácia de normas adormecidas nos arquivos? Só a vigilância do povo garante a execução da lei. Quem se afasta da vida pública não se empenha na eficácia de códigos. Os que se recolhem aos afazeres privados mergulham em si mesmos e nas profundidades isoladas naufragam. Leis fluem, insegura é a vida da cidade. Por incúria de adormecidos, a cidade sofre danos. Leis vivem e morrem como os cidadãos que as criaram. A vigilância evita que apareçam lugares desprotegidos. Leis novas tomam o lugar de leis envelhecidas. Legisladores sábios contribuem para a saúde do estado.

Povo... Quem é povo? Os que se reúnem para deliberar não têm rosto definido. Ser-com: não obrigatoriamente com pessoas que pensam da mesma maneira. Comunidades políticas se constroem na convergência de contrários. A conveniência de opostos forma a estrutura que sustenta o corpo político.

Os cursos do discurso heraclitiano não se comparam com os recursos do discurso universal. Mas sem aqueles, estes não sairiam da sombra. Com nosso escrever precário tocamos no escrever de que se ignoram origem e fim. Nos aforismos de Heráclito soam acordes da alvorada.

Por isso convém seguir o com-um, pois o com-um é o geral. No entanto, embora o Discurso seja com-um, vivem as multidões como se tivessem conhecimento particular. (B 2)

Só aos nossos ouvidos, *logos* é palavra técnica. Chefes militares já tinham empregado o verbo *lego*, da família de *logos*, para designar o ato de reunir armas e homens. Critério acompanha os que recolhem. *Logos* não acolhe conglomerados caóticos. Estar no mesmo espaço sem vínculo não é ser com-um (*synon*), não é ser-com, é, quando muito, ser ser-em e nada mais. *Logos* não se restringe, entretanto, à ordenação dos seres, tece ainda redes de palavras, constrói o discurso verbal. Sem *logos* não há discurso; há, na melhor das hipóteses, desordem, caos geral. Sem o discurso, estaríamos desamparados de recursos para concorrer no Discurso em que todos os discursos competem. Embora o Discurso ultrapasse em riqueza e significado o discurso verbal, não se oferecem cursos à sua exploração senão este. O discurso verbal abre-se como acesso e fecha-se como limite. Limite que dá passagem a outros territórios. O discurso de cada um insere-se no discurso com-um sem confundir-se com ele. Prender o Discurso numa das redes verbais foi sempre a empresa frustrada de quem discorre. Surpreendemos ainda o *logos* no interior de nós mesmos quando, atentos ao espetáculo do mundo ou ao teatro dos outros, refletimos. O discurso de cada um busca outros discursos para construir com-unidade discursiva. Seguir o com-um significa negar a idiotice, reprovar a dispersão, aderir à unidade, recolher estilhaços e ordená-los em um, não consentir na dissolução. Onde o limite entre Discurso e discurso? O limite esquiva-se porque a linguagem é feita de fluxos, refluxos, flexões, reflexos no curso do particular ao geral, entre o Discurso e cada um dos cursos, caudalosos ou reduzidos a filetes. Estes regressam restaurados no corpo de rios, mares e oceanos.

Como não distinguir conhecimento particular do discurso com-um? Com o substantivo *conhecimento* procuramos aproximar-nos de *phronesis*, derivado de *phren* (diafragma), o saber que se adquire através dos sentidos, tino prático. Heráclito não despreza a experiência sensorial, de constante lembrança. Reprova, contudo, aqueles – e são muitos – que giram enredados no turbilhão das informações sensoriais. As noções que vêm pelos sentidos aprisionam os que se aferram no império das sensações.

Conhecimento particular (*idían phrónesin*) tem o *idiôtes*, o idiota em sentido etimológico. O idiota não sai de si, age como se os outros só existissem para servi-lo, como se adquirisse de si mesmo tudo o que sabe de si. O idiota consome. Consomem-se objetos de consumo. O idiota consome pessoas, seja na vida amorosa, comercial, industrial ou política. Não se espere que o idiota reflita já que reduziu o mundo a objeto de desejos seus. Importa-lhe sentir, sentir muito, não importa o quê. Por não sair de si, o idiota vive sem problema. Não progride nem regride, ele já está no lugar em que sempre quis estar. Mesmo acordado, o idiota dorme o sono dos justos. As trevas interiores lhe bastam. O conhecimento particular não é banal, é construído, auto-suficiente, compacto. É o conhecimento do homem que compra e vende, produz, dirige estados, cura, lida com o divino, ataca e defende com a espada. O homem encerra-se em conhecimento particular, mesmo que atinja posição de destaque, mesmo que seja visto e aplaudido, mesmo que seja a origem de grandes feitos. O particular circunscreve indivíduos e grupos. O homem deixa de ser idiota quando sai de si, quando percebe que há outros eus com direitos iguais aos seus, que não sobrevive por si mesmo, que é com os outros que ele se constrói no com-um. Para quem sai de si, tudo é problema; há pedras no caminho. Heráclito propõe o discurso como recurso para unir o que de outra forma se dispersaria e para se comunicar com os demais. O discurso tira da idiotice sem destruir os que concorrem. O discurso é proferido em lugar comum a todos, o discurso constitui o lugar comum, dispondo um falante diante de outro sem hegemonia. O discurso faz de todos um sem prejudicar nenhum. O discurso não subordina. Acolhe sem tolher. Comum é o lugar em que discursos concorrem. Sem o Discurso, falas se isolam na idiotice.

Sai da idiotice quem entra no Discurso. Pensar é viver no Discurso: dizer e escutar. O Discurso reúne. Os que entram no Discurso não cogitam da utilidade. Rumo ao comum rompem-se fronteiras. O sono espreita os vigilantes. Sem decisão de se manter desperto não há vigília. Os sentidos se validam quando acolhidos no discurso com-um. Está claro que o com-um não exclui o comum, o ordinário. O com-um é escancaradamente ordinário, porque oferecido a todos. Se não o percebemos, é por carência de logicidade. O discurso com-um acolhe o discurso ordinário, muitas observações procedem do dia-a-dia. No espaço comum todos convêm.

Acompanhemos as implicações políticas do comum. A cidade-estado, ao incentivar os homens a tomarem o destino em suas próprias mãos, dessacraliza. Nada do que pertence ao domínio público há de ser regulado por um único indivíduo. Assuntos comuns são tratados no debate, guerra de palavras, origem do bem comum. O discurso sustenta, congrega, une, critica, vigia, reina. O discurso propõe o Discurso, base da democracia universal, abrigo de todos os seres. Conviver com discursos é desafio sem trégua. Lei é a palavra, a palavra é lei. Luta-se pelas muralhas acompanhando o discurso nos caminhos da descoberta, da invenção, jogo de conceitos, de imagens e de sons. A palavra é nossa cidade. Nela vivemos, lutamos, somos. Com ela nomeamos, recolhemos, e ela nos abriga.

É isso que Heráclito propõe à reflexão quando diz:

O Senhor, a quem pertence o oráculo de Delfos, não revela nem oculta, mas acena. (B 93)

Dispa-se a palavra "Senhor" de adereços senhoriais. O título "Senhor" (*ánax*) reveste Apolo. Apolo não desce aos homens para imperar, mas para chamar à responsabilidade. Vem como enigma. Delfos cultua também Dioniso. Essa é a informação de Plutarco para quem os hinos consagrados a Dioniso, os ditirambos, concentram sentimentos violentos, gritos e movimentos que exprimem perplexidade. Dioniso é turbulento, desequilibrado. Sabe ser irracional. Os peãs, hinos em louvor a Apolo, são ordenados, tranqüilos. Na pintura, a perpétua juventude de Apolo contrasta com as máscaras assustadoras de Dioniso, imagens da morte. Apolo é constante, sereno, grave. Dioniso, ao contrário, é desordeiro; nele se misturam gracejos, insolência e loucura. Plutarco ajudou Nietzsche na caracterização das duas divindades em *A origem da tragédia.*

O Apolo de Heráclito não discorre, mas provoca o discurso, o enfrasamento de palavras e de poços, o fluir vivo, vital, vitalizador; acena, chama à ação. Vemo-lo próximo da personalidade complexa que lhe atribui Heródoto. À semelhança do Apolo desenhado pelo pai da historiografia, o Apolo de Heráclito é tortuoso (*lóxias*).

O que se passa no templo de Apolo? Pitonisas postas sobre uma fenda recebem emanações que vêm da terra. Os vapores, atravessam o corpo delas e, ao chegar à cabeça, provocam palavras obscuras, desconexas. Apolo simboliza a voz vinda das profundezas, da natureza obscura. Os sacerdotes, auscultando os nexos, organizam as confusas articulações píticas em dísticos, em aforismos. Em vez de discorrerem, os sacerdotes fazem discorrer. São poetas. Talham palavras lapidares: "Conhece-te a ti mesmo", "Nada em excesso". O discurso dos sacerdotes de Apolo provoca. Quem ouve o que Apolo diz não corre nem discorre a esmo. Pára, reflete, consulta, discute. Foi o que fez Sócrates agraciado com um oráculo de Apolo.

Heráclito ocupa o lugar dos sacerdotes. Ouvindo a voz estranha, a misteriosa fala do universo, dispõe-na em aforismos. Heráclito lembra os sacerdotes de Apolo até na maneira de escrever. Consulentes somos nós. Atentos aos acenos, deciframos. As declarações oraculares fogem dos extremos: ocultação-revelação. Proferindo sentenças que acolhem os opostos, os devotos levam palavras que entretecem o oculto e o manifesto. Apolo chama ao arriscado trabalho da decifração. Os acenos do deus distante não são mais que alternativas possíveis, que não protegem os incautos da ruína. Creso, conta Heródoto, interpretando mal o oráculo, ao atacar o grande reino dos persas, provocou a ruína do seu próprio. Desamparados, os homens descobriram, como Riobaldo, agitado pelas mesmas inquietações, que viver é muito perigoso e sabem que não lhes é possível existir sem afrontar o perigo.

A exemplar fala pítica contradiz o discurso autoritário, que nem discurso é, por não discorrer. Discorre quem acolhe, examina, inventa, imagina, explora, solicita, argumenta, revê. O contrário é o ditado, o texto congelado de quem não tolera a omissão de palavras ou sinais de pontuação, é o duro discurso da ditadura como origem e resultado.

O Apolo de Heráclito não dita, ele acena aos que não se contentam com os fatos divulgados, ousando afrontar o que se esconde atrás das informações. O *sema*, donde se deriva *semáinei* (acena), encerra mensagem codificada, oferecida à leitura, à decifração, operações da inteligência. Sem destinatário, nada justifica o aceno. Como sinal, augúrio, imagem, letra, inscrição, lápide ou tumba, *sema* denuncia ausências: o emissor, o referente, ambos. Retenha-se a inscrição tumular. Como tal, o *sema* é mudo. Só a voz de quem lê despetrifica, reconduz à vida. A ambigüidade do enigma nasce da distância que o *sema* abre em todas as direções. Entre o *sema* e o decifrador navega o sentido, prospera a semântica. O *sema* revela e oculta Apolo ou qualquer emissor, em Delfos ou em diversa geografia. Heráclito produz enigmas para exprimir o indizível. Enigmas convocam, fazem falar. Repelem e aproximam, congregam os interpelados. Temeroso da retórica, em lugar de argumentar, o filósofo de Éfeso leva a falar.

Heráclito perscruta a passagem da autoridade de Zeus à autoridade de Apolo. Zeus foi o deus da epopéia, tinha a Memória como esposa, falava com autoridade na voz das musas. Essa época passou. Semideuses como os heróis da epopéia já não atraem admiradores. O homem sai da segurança que lhe oferecia o passado e se lança às incertezas do futuro. O prestígio de Apolo avança. O deus dos novos tempos é ele. O passado era claro, o futuro é obscuro. Muda a linguagem. Apolo não fala do que passou, aponta para o que há de vir. Ordens são desalojadas por acenos. Apolo fala a linguagem dos novos tempos. Heráclito lhe segue os passos.

Os adeptos do mito sentiam familiares os lugares governados pelos deuses. Confiavam a uma divindade anônima (*dáimon*) o que lhes era desconhecido. Heráclito, abalado o mundo dos deuses pessoais, preserva, sem conotações míticas, a força impessoal, o *dáimon*. *Dáimon* – o intermediário. Assim o trata Platão no *Banquete*. Para o discípulo de Sócrates, Eros é um *dáimon*. Em resumo, *dáimon*: força impessoal, divina, intermediária. Para *dáimon* adotamos extraordinário, tradução de Caneiro de Leão – extraoridinário, o que se destaca do ordinário.

A morada do homem, o extraordinário. (B 119)

Ethos significou primeiro morada de homens e de animais. Outros significados vieram: costume, caráter, modo de ser, personagem. Retenhamos todos. O homem mora no *ethos*: casa, máscara, caráter, morada. *Ethos* é a pele, a estrutura muscular e óssea, os gestos, a fala, a cidade. Moramos na cidade, e ela se mostra nos braços, nos atos, na fala. Somos *em* a fim de sermos *com*, *para*. O universo vivo, móvel, discursivo alarga-se como um conjunto ético. Dinâmico e indefinido, o caráter tomou o lugar da divindade, mantendo o homem como contínuo projeto de si mesmo. O que se busca? Um ser que resolveu fazer do *daimon* morada para usurpar-lhe o poder. Como *daimon*, o homem transita entre o alto e o baixo, vai do eu aos outros, freqüenta os entes e retorna.

Ethos entrou no vocabulário do teatro. Mascarados, os atores fazem-se personagens. Máscara é morada (*ethos*). Também é morada o rosto que a máscara reveste. Se derivamos *anthropos* (homem) de *anti* (diante de) e *ops* (rosto), o próprio homem se apresenta como alguém que anda de rosto velado. A cadeia de máscaras não tem fim. O que se esconde atrás da última máscara? Essa é a dúvida que marca o homem como ser estranho, irremediavelmente velado, sujeito e objeto de busca. *Dáimon* é o extraordinário? É. Ordinários são os animais amarrados à morada que a ordem cósmica lhes determina. Esses não usam máscara, não buscam porque nada perderam, são o que são. O homem pode mascarar-se de bode, pode usar a pele do animal como morada temporária, hábito dos que prestam homenagem a Dioniso. O bode nunca vestirá trajes de homem. Apoiada na deliberação, a submissão a um só não configura relação tirânica.

Lei é também a deliberação de obedecer a um só. (B 33)

Que vale uma legislação sadia se os cidadãos não a respeitam? A lei a que se deve obedecer não é a do monarca que ignora a vontade dos súditos. Requer obediência a lei produzida pela cidade com a participação de cidadãos de muitas tendências. "Um só" (*hen*) é o estado; contrários não rompem a unidade, equilibram-se, para garantir a atuação do conjunto. Leis propostas por um legislador (*nomothetes*), um homem sábio como Licurgo ou Sólon, quando aprovadas, representam a vontade de todos. A deliberação de obedecer pressupõe a possibilidade de transgredir, o que acontece quando o indivíduo, exaltando os seus próprios interesses, prejudica os demais.

O homem que rola agitado pelos obscuros movimentos do mundo leva Heráclito a refletir sobre o jogo. O filósofo ingressa na roda dos que observam a rota dos dados lançados por mãos hábeis. A paixão poderá incendiar o olhar de alguns. Paixões não perturbam o filósofo. Onde outros se entregam ao prazer dos sentidos, Heráclito reflete sobre a vida. Habituou-se a explorar o curso do sol, o fluxo das águas e a tensão dos opostos. O resultado incerto dos dados é-lhe agora símbolo de movimentos em liberdade:

A vida é um jovem que joga, jogo de dados: do jovem é o reino. (B 52)

Além de todos os lances, Heráclito percebe dados que ninguém vê, jogados por dedos incertos de repercussão universal. Imaginemos um jogo em que o movimento das peças é determinado por mão hábil em tabuleiro de gamão. A sorte (*tykhe*) – observa Heráclito – joga a vida para cima e para baixo. Sorte, contudo, a veleidade dos dados, não é tudo. O movimento das peças obedece ao cálculo. Futebol nos é mais. O vento influi. Irregularidades do campo já decidiram partidas. A intervenção do árbitro é imprevisível. No matagal do imponderável, forma-se a tática de jogo, brilha a habilidade de quem dança com a bola. Cabe a quem joga valer-se das oportunidades que a sorte lhe dá. O jogo do poeta tornou-se consciente em *Lance de dados*. Mallarmé, ao libertar as palavras da rigidez das normas, inaugura possibilidades fulgurantes, imaginosas e múltiplas como as constelações. Em geral, traduz-se *pais* por criança. Entretanto, o termo não distingue claramente infância e juventude, *pais* designa também o adolescente. Exigindo o jogo de dados habilidades cultivadas, excluídos estão os primeiros anos de vida. Outras línguas, incluindo o grego, reúnem, num mesmo termo, o que dividimos em brincar e jogar. Constrangido a escolher, traduzimos *paizo* por jogar. Mais acertado estaríamos se disséssemos jogar-brincar. Jogar: diminua-se a distância entre brinquedo e jogo. Nossa tradução procura reproduzir as anáforas do original (*aion* ***pais*** *esti* ***páizon,*** ***pesséuon:*** ***paidós*** *he basileie*). O que prevalece? Jogo ou cálculo? Heráclito contorna hierarquias. Introduz o jogo num sistema de extrema logicidade, presidido por leis cósmicas, responsáveis pela inteligibilidade do todo. O jogo interdiz a opressão precisamente porque diz o ainda não dito e porque ao dizer não dita. O jogo liberta movimentos, sentenças, sons, sílabas. Não houvesse o livre rolar dos dados, compreendido em limites, excluído estaria o pensamento com operações espontâneas. A criança-jovem que brinca-joga reina nas invenções poéticas, científicas e teóricas. As epopéias, as tragédias e os ensaios surgem de lances ousados e livres. Sem jogo, não haveria conhecimento do mundo nem de nós mesmos. Quem grafa joga, jogo original, jogo que a cada lance restaura a vitalidade que vem da origem. Jogo servil não há. O escravo que se põe a jogar subverte o rigor da servidão. Nenhum ato livre vem munido de certeza. Rigor absoluto, só no que funciona mecanicamente, e nem dele pode remover-se a possibilidade de uma pane sem hora nem dia para acontecer. O jogo gera o novo em associações e disposições inusitadas, sem invalidar leis. Leis protegem o jogo, não o inibem. A decadência do jogo congela a história. O jovem dirige a exploração do universo, na qual avançamos lentamente, inexperientes e trôpegos. Nessas andanças, a que poderíamos estar presos, se ignoramos tudo? Quem nos garante que as respostas não procedem de lúcidos enganos? O jogo redime o filósofo de notórios dogmatismos e o preserva para a liberdade reinaugurada a cada lance. O risco é menor no jogo do que na timidez dos precavidos que elegem caminhos há muito trilhados. Estes se estabelecem conformados com a derrota antes de ousar o incerto. Destes a vida, voltada ao despertar do novo, se retrai. Chegam, na queda, ao aniquilamento com a retenção do gesto que abrandaria o impacto. A poesia só germina nos golpes que afrontam a inércia e abrem caminho ao desconhecido. Como se valer de projetos previamente elaborados na exploração de territórios que não se conhecem? Jogo é o método dos que transgridem as fronteiras do saber acumulado.

Observe-se o lance do jovem. O futuro está em suas mãos. O risco reluz na expressão dos olhos, na posição do corpo. A vida se concentra no lance. Isso encanta. Que interesse tem o velho que fez tudo o que lhe competia? O velho que ousa jogar rejuvenesce. O futuro volta a lhe sorrir. Mesmo no velho que joga, o reino é do jovem. Depois que se viveu muito, difícil é reconhecer que não se sabe. A experiência ensina, mas não deixa prever o resultado. Quem joga ignora. A possibilidade de realizar o imprevisto aproxima poesia e jogo.

Aion (vida) é também ciclo vital, tempo. O jogo do jovem é um lance no tempo. Rolam uma etapa após a outra, uma idade depois da outra. Esta lei não está escrita nos astros. Graças a impulsos situados no interior da *phýsis*, tempos obedecem às regras do Discurso. A *phýsis* deixa todos em estado nascente. Ela produz pensamentos, textos, concatenações. A maturidade vem depois da juventude, a velhice sucede a maturidade. O desdobramento da vida é governado por princípios desde a origem até à extinção.

O sábio, escudado num saber que o excede, não joga; escuta, obedece. O jogador exerce o que sabe, aparece no que faz. O jogo humaniza o saber. Humanizado, o saber rola na incerteza, ameaçado pela morte. Idiotas não jogam. Para jogar é preciso sair de si, provocar o adversário, fazê-lo jogar. O músico joga com sons, o pintor joga com tintas, o escultor joga com madeira, barro, bronze, pedra, o poeta joga com palavras, mitos, imagens, o pensador joga com conceitos. Até Apolo joga. Enigma é jogo. Com que joga o político? Joga com vidas. Conviver é uma arte. E há regras. Leis são regras de jogo. Corretamente elaboradas, leis não inibem o jogo, estimulam, ao contrário, lances livres. Vida política satisfaz, quando música, quando dança, quando poesia. O jogo de um conjugase com o jogo de todos no espaço comum, lugar de comunicação, de trocas.

O jogo da vida compõem-se de muitos jogos. Joga-se na escola, joga-se quando se pensa, joga-se no laboratório, joga-se na assembléia e no tribunal. Saímos duma área de jogo para ingressar em outra. Nunca deixamos de jogar. O jogo é o *ethos* do homem. É no jogo que a ética atua.

A lei não elide o conflito:

O conflito é pai de tudo, de tudo é rei; designou uns para deuses, outros para homens; de uns fez escravos, de outros, livres. (B53)

O conflito é de palavras, com palavras. Na guerra das palavras, conceitos nascem, coisas despertam. O conflito é pai, é rei: verbal é seu império. Palavras dominam palavras, reinam e libertam. A pluralidade expansiva do *logos* atravessa entrelaçamentos, redes, textos. O *logos* lega, liga. Vasto é seu legado.

Não se confundam conflito e devastação guerreira. O conflito cria e preserva – ele é pai e rei. Responsável pela correlação, o conflito congrega. Não se exclua a *philia* do conflito. Contradições se buscam. Se os entes não fossem conduzidos por ela, os oponentes se aniquilariam. Sem acordo não há convívio. Posso ser hostil sem ser inimigo. Ao me opor a outrem, reconheço-o como aquele que decidiu ser quem é. Exemplar é a rebelião de Prometeu. Ousou invadir o palácio de quem vibra o raio para trazer aos homens melhores condições de vida. Conquistado foi o quinhão que lhe coube. O conflito, determinado por objetivos precisos, conjuga destino e responsabilidade. Verbal é o conflito que gera e protege muralhas legais.

Sair da Grécia continental não foi indiferente ao ramo helênico que se fixou em Éfeso. Atravessar o mar para residir num território ameaçado por um grande império levou Heráclito a pensar em uma pátria mais ampla que a pólis, capaz de acomodar diferenças sem aniquilá-las. Não se tratava de uma esperança messiânica. A solução estava ao alcance de suas mãos. O *logos* ausente vigora em tudo.

Em que pensa Heráclito? Não no idioma, o falar próprio, pois este estaria próximo da idiotice, tampouco na língua dos outros, os que ficaram na Grécia continental, ainda que vivesse separado do continente que lhe deu origem. Heráclito pensa na língua em que desembocam todas as línguas, território em que transitam deferentes, lugar em que convergem diferenças. Heráclito pensa que na democracia universal os conflitos seriam criativos, as circulações seriam fecundas. Saídos da solidão, os homens comungariam para o bem de todos.

O indeterminado de Anaximandro se determina em Heráclito. Quem sai do discurso já não cai no fundo em que todos os limites se apagam, mas é acolhido na rede dos opostos que, ao se repelirem, se atraem para formar o tecido em que todos os fios se entrelaçam. A não ser que levemos ao Discurso a observação de que a harmonia invisível é mais forte que a visível. Nesse caso teríamos que admitir, além do Discurso, uma região comparável ao reino dos mortos, o invisível de que todo o visível se regenera. Não disse Heráclito que as psiques aspiram aromas do hades?

5. O poder da palavra

Ainda que a ordem e a precisão tivessem ilustrado vários oradores, deve-se a dois siracusanos, Corax e Tísias, a criação da retórica. Elaboraram, no combate à tirania, preceitos para a produção de discursos metódicos, convincentes e belos. Enquanto o apanágio da filosofia é a busca da verdade, persuadir juízes ou cidadãos é o objetivo do orador. Empédocles amplia o quadro dos fundadores da retórica.

Antes da retórica, havia a linguagem comum, unida ao corpo, apta a exprimir sentimentos (ternura, dor, aversão), capaz de transmitir mensagens e ordens, mas imprópria para a argumentação articulada, inadequada à obtenção de efeitos calculados, insuficiente na ação sobre o auditório. Os retóricos pensam em robustecer a prosa à distância de urgências físicas.

Chefes autoritários reduzem os subordinados ao silêncio desde sempre. Vozes que desafiam os que exercem o poder já os temos na *Ilíada,* obra que atesta a emergência de *basileis,* senhores locais que resistem ao poder central, reminiscência do *wánax* micênico, vencido. Dois oradores, inflamados, Aquiles e Agamênon, opõem-se no primeiro canto, diante da assembléia dos soldados. Vimos nesse episódio reflexo dos estados em vias de democratização. Os discursos proferidos, além de revelar caracteres, desenvolvem argumentos destinados ao triunfo sobre o adversário.

Mas a retórica delimita-se como campo de investigação só no quinto século antes de Cristo, momento em que o desejo de liberdade desperta em muitos territórios. Na Sicília, depois da queda dos tiranos Gelon e Hieron, proprietários banidos procuraram oradores para recuperar propriedades confiscadas. A reorganização dos estados gregos depois da invasão persa auxiliou o desenvolvimento da retórica nos centros helênicos. A participação popular, expressiva na defesa do solo agredido, cooperou na emergência de regimes democráticos. A retórica oferecia às classes em ascensão instrumentos para uma bem-sucedida atividade política. Não estranha que a retórica tenha encontrado na democracia ateniense condições favoráveis ao desenvolvimento. Ésquilo aplaudia vaidoso o sistema jurídico ateniense, barreira erguida contra a vingança pessoal, epidêmica em estados menos eficientes e responsável por intermináveis cadeias de crimes e castigos. Em Atenas, oradores renomados, os logógrafos, estimulados pela recompensa, escreviam discursos de defesa para clientes processados.

Atribui-se a Córax a divisão do discurso em cinco partes: exórdio, exposição, argumentação, digressão e epílogo. Esta divisão, uma vez difundida, instalou-se no programa escolar. Quem exige dum texto introdução, exposição e conclusão perpetua regra da retórica antiga.

Pelo fim do século quinto, chega a Atenas Górgias, originário de Leôncio, cidade situada ao norte de Siracusa. Vem como mestre festejado. Diversos recursos retóricos são inventos seus. Para conferir à prosa sedução que se equiparasse à da poesia desenvolve as figuras de linguagem. Distribui os discursos em três categorias: delibertativo, judiciário e epidítico. Este último, solicitado em momentos solenes, propiciava a ostentação de virtuosismo fulgurante. Enquanto o discurso judiciário examina o passado e o deliberativo incita a ação futura, o discurso epidítico teatraliza o presente.

A retórica apresenta-se incorporada a um sistema filosófico cuidadosamente elaborado. Para compreendê-la, convém examinar a doutrina de Górgias, fundamento do exercício público da palavra.

Tradicionalmente a palavra visava ao desvelamento do oculto tanto na tradição mítica quanto no trabalho do pensamento rigoroso. Opondo-se à tradição, Górgias faz do discurso um jogo (*páignion*) cujo êxito depende da habilidade de quem o executa. Teoriza o jogo num tratado chamado *Sobre o não-ser ou Sobre a natureza* (*Peri me ontos e Peri physeos*) do qual nos restam alguns fragmentos e cuja base está na escola eleática.

Parmênides, parodiando o proêmio da *Odisséia,* imagina o pensador elevar-se num carro acima das cidades dos homens em direção ao palácio de *Dike,* a Justiça, que lhe revela os mistérios do Ser. A voz da deusa não se confunde com o canto das musas. A deusa fala com a autoridade de quem enuncia teoremas matemáticos. Parmênides sente-se pensando por si só, liberto do encanto das vozes que moviam a língua do poeta. No palácio da Justiça, Parmênides encontra o silêncio que lhe permite pensar. Referindo-se ao Ser, a Justiça diz *é* como se proferisse *sim.* A Deusa não afirma que o ser é, o que seria incidir na dualidade sujeito-predicado. Antes de qualquer divisão, a Deusa afirma o Ser em sua unidade. Dizer *é* antecede qualquer outra afirmação, como por exemplo: o cavalo é ou a árvore é. Afirmado o Ser, não se pode legitimamente negá-lo. Nada se opõe ao *é.* Se digo, em seguida, *não,* a negação não exclui *é.* A negação, ou o que quer que seja, entra na categoria do *é.* A negação *é* como a nuvem é e o rio é. Só posso pensar em *é.* O *é* tem caráter axiomático. Digo *é* como digo ponto ou linha. Se afirmo que a linha é o caminho mais curto entre dois pontos ou que o ponto não tem extensão, enuncio tautologias, como tautológico será dizer que *é* é. *É* (o Ser) não se move, nunca é negado, é a base de tudo o que se diz ou pensa. O Ser não condena a opinião. A Deusa afirma, e com justiça, que Ser e opinião se distinguem. A opinião fundamenta-se no que os sentidos transmitem enquanto o Ser é iluminado com as luzes da inteligência, qualidade de quem sonda os fundamentos do universo. A multiplicidade, real em Anaximandro, Xenófanes e Heráclito, é degradada ao estado de mera opinião. O único caminho trilhado até aqui parte-se em dois: o do saber rigoroso e o da opinião. Uns preferem o primeiro, outros inclinam-se ao segundo. Os menos radicais procuram diminuir o conflito entre um e outro.

Zenão, discípulo de Parmênides, insistindo no confronto, põe-se a demonstrar a correção da doutrina do mestre. Não tem a força sedutora dos enigmas de Heráclito, nem o caráter revelador dos versos de Parmênides. Leva para a filosofia a argumentação que já desponta em discursos políticos nos poemas de Homero. Aquiles, proverbialmente veloz, não poderia jamais alcançar uma tartaruga. Sendo o espaço entre Aquiles e a tartaruga infinitamente divisível, o guerreiro deveria percorrer pontos infinitos para vencê-lo. Atravessar pontos infinitos levaria tempo infinito. O réptil, embora lento, é inalcançável. Zenão reforça o argumento da inexistência de movimento com o argumento da flecha. Arrojada, ela deveria atravessar etapas infinitas em que estaria a cada instante parada. Visto que da soma de repousos não se obtém movimento, atingir a meta é propósito inviável. A argumentação de Zenão é fria. Além do aparente não demora o misterioso mundo dos deuses, nem a ambigüidade sedutora do enigma.

E a experiência? Nunca poderá invalidar raciocínio matemático. Se A é igual a B e a C, B e C são iguais. Não posso rejeitar o argumento alegando que a experiência jamais confirmará a igualdade de A, B e C. O *se* protege o argumento da investida empírica.

A demonstração, literalmente paradoxal, contraria a *doxa*, opinião. Zenão pensa como Parmênides: pensar e ser é o mesmo. Formulado está o problema que não deixará os que pensam. Platão refletirá muito para resolvê-lo.

Refletindo rigorosamente, Zenão varre do pensamento a aparência e a pluralidade, insistentes nos textos anteriores a Parmênides. Argumentos apagam o mundo dos sentidos, reduzem coisas sólidas a nada. O discurso toma agora outra direção, deixa de sustentar o mundo sensível para se fazer só verbal. Detecta-se a verdade sem os sentidos, aquém dos sentidos.

Com que arma enfrentam os eleatas a opinião? Com o discurso. Logo, o discurso, este "nada sonoro", é poderoso e real. Chega-se a essa conclusão ao cabo de uma cadeia de demissões. Heráclito demite o discurso das musas para entronar o discurso da natureza. Zenão demite o discurso da natureza para entronar o pensamento puro. Valendo-se de Zenão, Górgias entrona o discurso escrito. Argumenta:

Se o não-ser é, o ser não será, pois estes são opostos um ao outro, e se ao não-ser ocorre ser, ao ser ocorre não ser.

Górgias adota o *se* da argumentação matemática. O *se* afasta o discurso da experiência. *Logos* assume agora caráter só discursivo. Falar sobre a natureza como Heráclito já não é possível. A época do pensamento físico estava encerrado desde Parmênides. Se digo não-ser, confiro ao *não* realidade discursiva e como tal posso pensar sobre ele. Zenão já tinha demonstrado que a verdade se apóia na argumentação. Alterada a base, tudo se transfigura. Se afirmo o ser, nego o não-ser. Se afirmo o não-ser, nego o ser. Górgias fundamenta-se no rigor do raciocínio parmenídico. Vedado recurso à experiência, nada me impede afirmar o não-ser e continuar a argumentar com a precisão da lógica eleática.

O não-ser é. O que Zenão declarou ilusório é. Diga-se *sim* ao sensível, ao palpável, ao ilusório. Isso é salutar para a constituição da legislação democrática. Como construir uma cidade se ela não é? A legislação que emerge da assembléia é provisória, mas é. Como alterar a constituição de uma cidade se ela está edificada sobre princípios eternos?

De que posso ter certeza, excetuando o discurso?

Vamos a Pablo Neruda:

Esta igreja não tem lampadários votivos,
Não tem candelabros nem ceras amarelas,
Não necessita a alma de vitrais ojivos
Para beijar as hóstias e rezar de joelhos.

Ainda que Neruda diga três vezes não, continuamos a lê-lo. Sabemos desde o primeiro verso que a igreja de Neruda é paradoxal, jamais foi confirmada por nenhuma experiência empírica nem o será. O *não,* enfaticamente reiterado, é gorgiano. Para Górgias, o discurso enquanto discurso é tão real como qualquer outra realidade. Com Górgias, o discurso se faz corpo, conquista território próprio. Sendo autônomo, pode-se investigá-lo para saber como se articula, que recursos o tornam persuasivo, como procede para se fazer atrativo. Desenvolve-se o estudo da gramática, da argumentação, dos tropos, das figuras de linguagem. Investigam-se discursos próprios para as diferentes ocasiões: assembléias, tribunais, solenidades.

Das antigas virtudes homéricas, as classes em ascensão prestigiam o uso da palavra. É ela que garante o êxito na inquieta vida pública. O discurso fundamenta o que se pensa, não o universal *logos* heraclítico. Rompidas as cadeias que sujeitavam os falantes ao discurso da natureza, o orador se ergue em altos vôos retóricos. Afastando o pensamento dos sentidos, deixa-os dementes. Pode sustentar isso e o contrário. A assembléia respira livre de leis naturais. A verdade é decidida pelo voto da maioria.

Na atividade de Górgias, a palavra arma-se de caráter mágico como se verifica em dois discursos atribuídos a ele: *A defesa de Palamedes* e *O elogio de Helena.*

Direção claramente jurídica toma a arte de Górgias em *A defesa de Palamedes*, guerreiro grego em Tróia, acusado de traição por Ulisses. O discurso, escrito em primeira pessoa, tem as características das peças redigidas pelos logógrafos para serem memorizadas e proferidas por réus. Falando em primeira pessoa, Palamedes diz em resumo o seguinte:

Eu não poderia ter traído meu povo, nem se quisesse. Para trair, eu deveria ter falado com o inimigo. Mesmo que o contato se tivesse estabelecido, a conversa não teria ocorrido visto que não falamos a mesma língua. Se tivéssemos conversado, o inimigo não me teria dado crédito por eu ser grego. Se eu tivesse estado com troianos, eu deveria ter deixado o acampamento. Mas como poderia ter eu saído sem ser percebido? Se eu tivesse passado informações ao inimigo, eu deveria ter sido recompensado. Se eu tivesse recebido recompensa, onde poderia eu escondê-la? Visto que uma empresa tão audaciosa não poderia ter sido realizada sem auxílio, onde estão meus cúmplices? De mais a mais, eu nem poderia ter desejado trair. Que proveito teria eu tido? Eu teria perdido a proteção de meus companheiros. Se eu tivesse traído a Grécia, eu teria traído a mim mesmo. Como poderia eu viver? Nem mesmo inimigos confiariam em mim.

Ora, os argumentos, feitas as devidas adaptações, podem ser apresentados por qualquer traidor. *A defesa de Palamedes* é um modelo elaborado para candidatos à profissão de logógrafo? Ou nos deixaram uma caricatura de argumentação retórica?

Górgias imagina uma tarefa ainda mais difícil, a defesa de Helena. Os gregos nunca receberam com serenidade o relato do rapto da esposa de Menelau. Como é que uma rainha poderia ter abandonado o lar com dois filhos para acompanhar um bárbaro e provocar uma guerra de dez anos? Heródoto argumenta que Páris levou para Tróia um simulacro, a Helena verdadeira teria ficado no Egito. Górgias inventa uma defesa para Helena que resumidadamente se desenvolve assim:

Helena fez o que fez ou por decisão da Sorte (*Thykhe*) ou por desígnio da Necessidade (*Ananke*) ou pela Violência (*Bia*) ou pela Persuasão (*Peitho*) ou arrebatada por Eros.

Se o fez pelo primeiro motivo, convém acusar o acusador, pois é impossível deter a providência divina com a previdência humana, já que foi determinado pela natureza não que o mais forte seja dominado pelo mais fraco, mas que o mais fraco, subjugado, seja conduzido pelo mais forte.

Ora, uma divindade supera o homem no poder, no saber, em tudo. Portanto, se interveio a Sorte, isente-se Helena de culpa.

Se ela sofreu violência, culpe-se o raptor, e não ela, a ultrajada. Puna-se o bárbaro, com a palavra, com a lei, com a ação; a palavra o denunciará, a lei o desqualificará, a ação o punirá. Mas a que foi violentada, arrancada da pátria e privada dos amigos, não merece ela, com justiça, misericórdia em lugar de difamação? Aquele cometeu o delito, esta o padeceu. Justo será, portanto, deplorar esta e reprovar aquele.

Se ela foi seduzida pelo discurso, não será difícil livrá-la de culpa. O discurso é um grande potentado que com um corpo pequeníssimo e assaz imperceptível realiza obras verdadeiramente divinas. Ele consegue, com efeito, eliminar o temor, suprimir a tristeza, operar a alegria e aumentar a compaixão. Esta é a apologia.

Com *A defesa de Helena*, caracterizou-se o discurso sofístico. Quem lhe confere poder é a Persuasão (*Peitho*), divindade irresistível que no processo de sedução, entorpecida a razão, age sobre os sentimentos. O Espanto, origem do mito e da filosofia, fazia falar, a Persuasão paralisa. Helena, imobilizada pela lábia de Páris, deixa-se levar; como se o olhar petrificante da Medusa lhe tivesse tolhido os movimentos. Embora bela, não é ela que seduz. Seduzida, merece compaixão.

O discurso não é conduto de mensagens. Corpo vivo, todo organizado, material, o discurso eleva-se acima do falar cotidiano. Discurso não é imitação, é ação. O orador, um mágico *(pharmakós)*, é um homem que administra um veneno (*phármakon*) com virtudes de extinguir a capacidade de julgar e de escolher, que age para o benefício ou para a perda dos ouvintes. Sendo um potentado poderoso, expressivo exemplar antigo da palavra como ação, o discurso penetra no corpo e o submete. Se para Górgias como para outros sofistas o homem é a medida de todas as coisas, claro está que o actante da tirania discursiva é o homem coletivo. O orador comparece como ator de um poder maior.

Realidade autônoma e poderosa, fundamento da vida política e jurídica, o discurso impõe-se como matéria de ensino. Para seduzir, o discurso solicita tratamento adequado, tarefa da arte retórica. Desenvolvem-se as figuras ou tropos (de *trepo – volver*): metáfora, sinédoque, metonímia e ironia distanciam a expressão de seu sentido próprio. Outras figuras sublinham o efeito da posição das palavras na frase: antítese, enumeração, acumulação, perífrase, anáfora, aliteração, simetria, comparação, apóstrofe...

O discurso é a única realidade a que se tem acesso. O poder divino baixa ao discurso. As divindades, assentadas outrora em tronos cósmicos, nascem do discurso e nele atuam. Eros sai da natureza para entrar na engrenagem verbal. Preservando o poder que a ordem cósmica lhe tinha anteriormente atribuído, Eros cria textos literários cuja sedução compete com corpos de carne e osso. Mágico o discurso já se mostrara em Homero. O discurso, a arma com a qual Ulisses enfrentou Polifemo, embriagou o monstro antes do vinho. Com o discurso Ulisses enfeitiçou os feáceos.

O poder, passando da nobreza aos que se destacam na arte de falar, volta a concentrar-se em poucos, os que fascinam a multidão silenciosa. O discurso destaca, privilegia, obsta a circulação de mensagens entre iguais. Helena é o símbolo dos cidadãos de Atenas atrelados aos oradores e das ilhas submissas à frota ateniense. O império da retórica constrange a maioria a tácito servilismo. Ante a ação do orador, as lições de Górgias deixam a assembléia sem reação. Poucos usurpam o poder de muitos. Górgias, o ideólogo da democracia, teoriza contraditoriamente o discurso escravizador, tirânico, autoritário.

Os argumentos para provar a inocência de Helena lembram o arrazoado feito para demonstrar que o ser não existe. *A defesa de Helena* é uma blague? Górgias elaborava modelos de discurso para se divertir? Que lhe importava saber se Helena é inocente ou não? Relevante é demonstrar que argumentos podem até inocentar uma mulher cuja conduta ofende pessoas sérias. Justificam-se mababarismos discursivos para demonstrar que o mundo visível não passa de um teatro de fantoches e que o movimento é uma imensa ilusão dos sentidos? Admita-se, o sistema de Górgias pode ser um jeitoso motejo de tudo que se tem por sério: filosofia, política, justiça. Será o discurso uma droga que envenena tudo?

Górgias é um jogador. Joga com palavras e idéias. O inventor do jogo não foi ele. Heráclito jogou antes. Mas Heráclito jogava sondando as regras estabelecidas pelo *logos* universal. Num mundo como o de Górgias, em que o sentido bate em retirada, já não há regras. Vale tudo. O jogo de Górgias, ao escancarar a distância entre discurso e realidade, abre as portas à ficção. Será ele o primeiro teórico da criação literária?

Continuemos a conjeturar. A conjetura faz parte do jogo. Não abandonemos o campo quando a partida esquenta. *A defesa* e *O elogio* foram de fato escritos por Górgias? Quem poderá garanti-lo? Não resta dúvida de que o estilo das duas peças é gorgiano. Tanto os discursos como o tratado foram construídos em torno do *se* hipotético. Está claro que estilo gorgiano não garante autoria gorgiana. Se Górgias não escreveu os discursos em debate, quem os teria produzido?

Tentemos reconstituir os fatos. Górgias era inteligente. Via com sarcasmo o rumo que o pensamento grego e a democracia ateniense estavam tomando. Ria dos ricos que o procuravam para receber aulas de retórica. Górgias vendia o que sabia para alunos medíocres. Sabia que retórica não se ensina. Tampouco se ensina a pensar. Górgias sugeriu temas sem nenhuma relação com a realidade ateniense, sucessos míticos de quinhentos anos atrás. Os alunos aplicavam o que tinham aprendido. Górgias aprovou *A defesa de Palamedes* e o *Elogio de Helena* como modelos que lógografos podiam adaptar a situações concretas. Os discípulos transformaram as invenções de Górgias em estereótipos.

Chega-se a um estágio em que o orador não interroga, não estimula o pensamento. Quando um orador cala, levanta-se outro, autoritário como o primeiro. O duelo de discursos passou a atrair como enfrentamento esportivo em que o mais hábil arrebata aplausos. A antigüidade, argumenta Hannah Arendt, excluía o *homo faber*, enquanto que a modernidade exclui o homem que fala. A fala, entretanto, não é, em si mesma, o ápice das realizações do homem. A retórica nasce como invenção e definha em repetição ritual. Nasce como jogo e se agiganta na supressão do jogo. Epígonos esterilizam-se na fabricação de paráfrases. O que era potencialização da linguagem degenera em cansaço. Lucidez vira obscurantismo. Em lugar de reflexão, sedução. A ênfase festiva sufocou gritos de liberdade. Transformado em arma, o discurso pode ser usado para oprimir.

Importa que oradores inventivos redescubram a palavra originária, a que liberta. Entre eles, Demóstenes se distingue. Democrata, defensor da cidade-estado e da independência, suspeita das manobras macedônias para intervir na política dos estados helênicos. Temendo a centralização do poder, o recrudescimento da monarquia, varrida há séculos do mapa dos estados gregos, ergue-se como paladino na luta contra a ambição de Filipe. Recorrendo à palavra como arma, faz da assembléia de Atenas campo de batalha. Tucídides, o meticuloso arquiteto da escrita, serve-lhe de modelo. Incrimina a letargia ateniense ante a solerte estratégia da emergente potência do norte, mais perigosa, a seus olhos, do que a maciça agressão persa. Demóstenes advertia que não convinha afundar-se em elucubrações doutrinárias, quando um exército penetrava em territórios protegidos. O que valia mais do que a liberdade e a vida? Filipe era o risco, só ele, centro das operações inimigas, atento a tudo. Como poderá uma assembléia soberana declinar do exercício da soberania? Demóstenes recusa escusas fatalistas, inaceitáveis em quem se proclama livre. A letargia ateniense engrandeceu Filipe. Se os atenienses tivessem feito o que as circunstâncias demandavam, Filipe nem sequer teria aparecido. Perguntava-se em Atenas pela saúde de Filipe. O que nos interessa – argumenta Demóstenes – saber se Filipe está doente, vivo ou morto? Nossa paralisia criará tantos Filipes quantos forem necessários para a nossa ruína. Arguto esgrimista da palavra e hábil discípulo de seus mestres, Demóstenes converte a fraqueza em força. Por que temer um inimigo produzido pela inação?

Motivo de temor haveria, se o poder de Filipe se tivesse mostrado superior à força ateniense. Mas se Filipe se valeu de cochilos dos antagonistas, Atenas não deverá contar com a vitória se despertar com o valor de outros tempos? Falando a homens livres, Demóstenes não se vale de outros recursos senão os que lhe oferece a palavra. Apresenta medidas a serem tomadas, avalia custos. O êxito, imprevisível sempre, não o inquieta, quando a conduta é guiada pelo cumprimento do dever.

Esta é a lição de Demóstenes: o discurso é o instrumento de estados livres. Idéias combatem-se com idéias. A inteligência de homens livres saberá desmascarar a solércia. Explorar a força do discurso é dever do orador. Se a sedução verbal aponta caminhos escabrosos, cabe ao homem livre repelir a sedução. Coibir a palavra, por temor ao engodo, não é atitude digna de assembléia responsável.

Demócrito ataca o pensamento de Parmênides e de Zenão com os argumentos desenvolvidos na escola eleática. O ponto a que se chega pela divisão *é*. Dividir ao infinito é inconcebível. A divisão não nos leva à unidade parmenídica mas a átomos. Restabelecida prospera a pluralidade. Sejam sombra o corpo que somos e os corpos que nos cercam, isso não impede que os tomemos como objeto de reflexão. Não se recusem os sentidos, são eles que nos instruem sobre o modo de funcionamento do mundo objetivo. Não resta dúvida de que os olhos são testemunhas mais acuradas que os ouvidos. Prestemos atenção ao que a objetividade nos ensina.

Numa faixa de luz que atravessa uma sala escura dança um número incontável de partículas. Não é preciso recorrer ao *logos* para saber como o universo funciona. Átomos se juntam e se separam ao acaso como partículas de pó. Parmênides tirou a razão do mundo aparente. Mesmo sem a razão parmenídica, podemos observar como átomos interagem. Por que predeterminar fatalisticamente o que deverá acontecer, por que buscar as causas do acontecer? Coisas acontecem. Verifique-se como acontecem.

O comportamento dos átomos explica até o mundo imaginário. As imagens que recebemos são átomos que nos entram pelos olhos. Imagens de homens misturando-se com imagens de animais formam centauros. O movimento livre dos átomos salva o mundo imaginário da tirania do percebido. Mesmo que o universo mítico não corresponda ao percebido, nem por isso deixa de ser real. Num mundo de sombras, tudo é sombra, sejam elas internas ou externas.

Partindo da pluralidade, Demócrito não vê maneira de se chegar à unidade. Ilusória é a unidade imóvel de Parmênides. Com que direito condenar, em nome dela, o sensível? Anaximandro recorreu à não-justiça para explicar a pluralidade. Situando a pluralidade na origem, Demócrito dispensa esse expediente.

Os cidadãos movimentam-se na república como os átomos de Demócrito. O acaso reúne-os e os dispersa. A natureza, seja qual for a teoria, não explica, entretanto, o comportamento humano. Por mais poderoso que seja o discurso, resta sempre ao homem o expediente de dizer não. O cidadão responsável não poderá atribuir atos torpes seus ao malefício de discursos. Acima do discurso arma-se o Discurso, argumenta Heráclito, a que só não têm acesso os que dormem entorpecidos em mundos privados.

O acaso de Demócrito já anuncia a *tykhe* que impera no teatro de Eurípides, época que, com a retirada dos deuses e consciente da falência do discurso, assiste perplexa à degradação da sintaxe teatral, social, filosófica e literária e à ventania das paixões descontroladas. Decorrida a ordem antiga, solicitam-se outros recursos para reinventar a grafia da arte e da vida.

No colapso do mito formou-se a prosa. Platão surge à época da ruína da prosa. Brincava-se na assembléia, brincava-se no tribunal, brincava-se na política interna e externa. O brinquedo envenenara a prosa responsável. Aristófanes, o comediógrafo, levara o brinquedo ao teatro para denunciá-lo no palco. Como brincar quando em jogo está a vida, quando cidadãos perecem em combates marítimos e terrestres, quando injustiçados clamam por justiça?

O controvertido Alcibíades fora um produto da sofística. Alcibíades brincava com o sagrado, com a lealdade à pátria, com a sedução pessoal. Emergira das circunstâncias como produto urbano. Durante as guerras pérsicas, personalidades exponenciais tinham salvo Atenas da ruína. Com a nivelação de agora, sumira a responsabilidade individual. A contestação, o diálogo, a ironia, considerados responsáveis pelo insucesso político, encolhiam-se temerosos. Os políticos impunham leis obsoletas às transformações detidas com dificuldade na democracia restaurada. Se o culto oficial já não comovia ninguém, não se envidavam esforços para preservar, ao menos, a aparência da ordem antiga. Da época de esplendor só restavam lembranças. Platão reaviva o espanto sufocado pela persuasão sofística. O espanto já não estala diante da natureza, como outrora, mas diante do discurso. Visto que para os sofistas nada há a procurar além do discurso, estes se destacam como devoradores de discursos. Resultado: a *polymathia* (o muito saber, o acúmulo de informações), prática já condenada por Heráclito. Platão dispara o espanto contra depósitos de citações. O que valem cabeças eruditas que não pensam? Que benefício traz uma palavra eficaz que não salva da ruína? O momento requeria o ataque a muralhas verbais em busca do que elas escondem.

Platão procura forças para revigorar o pensamento num marginal que não sabe falar em público, um homem feio, grotescamente disforme, inquietante, um homem irônico, suspeitamente cercado de jovens ricos, um vagabundo que não tinha escrito uma linha sequer, um homem odiado, condenado à morte pelos restauradores. Da cabeça de Platão, renascia Sócrates.

Restaurar o estilo de Sócrates não era viável. As autoridades não tolerariam nas praças a formação de grupos desrespeitosos aos deuses, contrários à restauração dos antigos costumes, contestadores do sistema político. A filosofia, acuada, sentia-se constrangida a recuar a lugares reservados, a contentar-se com discípulos seletos. Platão funda a Academia.

Visto que o exame público de políticos, poetas, escravos e senhores de escravos não podia ser feito sem causar suspeita, Platão opta por outro instrumento, em franca expansão, a escrita. Não o satisfazia o uso limitado que dela tinham feito pensadores antigos. A ele não lhe satisfaziam os discursos políticos e jurídicos, elaborados para enganar e não para levar a pensar. Nem o atraía a poesia, como ele a conhecia, sujeita a forças que o homem não sabia controlar, endereçada ao coração mais que ao pensamento. Platão inventa uma prosa ágil, despida de fossilizantes normas retóricas, prosa que leva a sedução poética à espontaneidade da conversa, prosa armada da malícia da comédia e da severidade da tragédia, prosa apta a conduzir ordenadamente os argumentos ao fim. Platão resolveu situar no centro de suas tragicomédias prosaicas uma personagem equívoca e folclórica, livremente reelaborada sem apagar, contudo, o que dele se conhecia. Platão, convencido de que a inteligência pode mais que a demagogia, confiou o papel principal de seus espetáculos textuais a Sócrates. Manter acesa a tocha da inteligência contra o obscurantismo de uma intelectualidade caricata, esta foi a tarefa de Platão.

A grafia de Platão nasce de feridas, de rupturas, de perdas. Para burlar a vigilância, Platão desloca a cena, da agitação da praça à austeridade do papiro. Certo de que o discurso tem o poder de despertar mortos, restaura nos diálogos um mundo perdido. Pitágoras, Parmênides, Heráclito, Protágoras e Górgias recuperam a voz nos diálogos platônicos. Platão alinha-se nas fileiras dos pensadores empenhados na descoberta da verdade. Chamando da morte para a vida, o discurso de Platão age como um *phármakon* para devolver vigor ao discurso debilitado por palavrório inconseqüente.

A prática logográfica ensinou que o locutor pode agir sem a presença do autor, o pai do discurso. O réu, fingindo que lhe pertence um discurso escrito por outro, macula-se de parricídio. Como logógrafo, Platão escreve um discurso para Sócrates já morto. Sócrates morre como linguagem falada e renasce como linguagem escrita, e na passagem, o vigor do pensamento se restaura.

Opondo-se ao discurso autoritário dos sofistas, Platão não fala, delega o discurso a outro, a um morto, a Sócrates. Como o tribunal de Atenas silenciou o mestre, Platão pode reinventá-lo. Na morte a vida se restaura. Platão se faz ficcionista. Bane os poetas para recriar a poesia. Inventar discursos já não tem precedentes em Górgias e Tucídides? Onde a novidade? Nova é a reação platônica à linguagem sofística. Nova é a decisão de procurar a verdade num lugar em que ela não freqüenta o centro das preocupações. Isso muda tudo. A ênfase do réu já não está na preservação de qualquer vida. Uma vida não-examinada não vale a pena ser vivida, argumenta o acusado. Uma vida é suficiente? Como saber o sentido do que ainda não está concluído? Outras vidas virão. Como poderá o tribunal impedir que Sócrates renasça na mente dos pósteros?

Os juízes têm diante de si um homem que não sabe falar. Declarando-o o mais sábio dos homens, Apolo propõe um enigma insolúvel. Que palavras poderiam desvendar o segredo da declaração oracular? Neste empenho a retórica sofística não poderá socorrê-lo.

"Eu, ao contrário, vos direi toda a verdade." Não se espere que Sócrates vá ao fundo da questão. Não neste momento. Sócrates sabe que não poderá concluir a tarefa que em longos anos de empenho pouco avançou. Investigou o cotidiano. Mas é aí que a verdade começa, nas coisas que estão ao alcance das mãos. Esboçado está o método. Começar no acessível para alcançar realidades distantes. Assim procede a dialética em oposição à retórica. Os sofistas têm a retórica como um exercício elaborado, colocado no ápice. Platão considera a arte elaborada pelos adversários nada mais que exercício de escola. Para renovar o discurso convém retornar ao discurso da infância, a linguagem de todos os dias.

Assegurando sua própria ignorância, Sócrates, ao despir o discurso de ornamentos, avizinha-o da linguagem de todos os dias. Opondo-se às regras que estruturam a apologia de Palamedes, Platão escreve para Sócrates um discurso que afronta os preceitos de Górgias. Adversário do rebuscado, privilégio de poucos, Platão sugere a democratização do saber. Contra o discurso pomposo, o diálogo.

Sócrates introduz novos deuses? Se isto ofende a lei, por que a impiedade de Protágoras se propagou impune? Atormentado pela dúvida, soam aos ouvidos de Sócrates vozes estranhas, palavras de um *daimónion*. Para Sócrates, a verdade, sempre evasiva, oculta-se atrás de construções verbais.

Sócrates é acusado de corruptor da juventude. Corromper a juventude significa colocar os jovens diante de problemas não-pensados? Quem não sabe falar abala as certezas de quem sabe. Foi assim que Sócrates perverteu a juventude? Ora, se persistíssemos nas respostas dadas, comprovadas, respeitadas, ainda viveríamos em cavernas. A ignorância sofística, transformada em dogma, não colabora na construção da cidade. Quem é nocivo? O que declara a ignorância irremediável ou quem, reconhecendo-se ignorante, procura superá-la?

A *Apologia de Sócrates* define a direção das investigações de Platão. Inconformado com o não-saber, Platão deita as bases de uma investigação metódica. Não se tomem as idéias como respostas. Elas rompem a solidez do discurso, levantando hipóteses para o que provavelmente está além. Tendo inventado o diálogo como método de investigação, Platão rejeita dois discursos, o poético e o retórico.

Aristóteles, preocupado com o saber, repensa os instrumentos de invenção e de comunicação. Os que consideram os escritos de Aristóteles inacabados negaram-lhes valor literário. Aos olhos de alguns, a comparação dos escritos de Aristóteles com os de Platão não favorece o preceptor de Alexandre. Costuma-se apresentar Platão como poeta, enquanto se reserva a Aristóteles o papel de técnico autoritário. Investigações atentas salientam o caráter inadequado dessa oposição. Para avaliar a contribuição de Aristóteles à arte de escrever, convém refletir sobre as circunstâncias em que os escritos aristotélicos foram produzidos. Examinemos as hipóteses levantadas.

Os trabalhos atribuídos a Aristóteles foram redigidos por discípulos, baseados em notas de exposições orais. Nenhuma evidência sustenta esta hipótese. Como compreender a regularidade estilística, se os diferentes textos tivessem sido redigidos por diversos discípulos? Esta hipótese aproxima ainda exposições antigas de cursos universitários hodiernos, destinados a alunos regulares. Sabe-se, entretanto, que programas não regiam as preleções de Aristóteles. Sem exigência de inscrição, sem cursos a completar, sem almejar títulos, o auditório de Aristóteles se formava e se dissolvia espontaneamente. Ninguém se empenhava em anotar assiduamente o que o filósofo ensinava.

Aventou-se a possibilidade da redação de notas que redigidas pelo próprio Aristóteles teriam originado livros. Lacunas e contradições poderiam ser atribuídas à revisão deficiente. Como na anterior, nesta hipótese projetam-se sobre a antigüidade hábitos recentes. Que motivos teria tido Aristóteles para não ser mais cauteloso ao elaborar livros?

Os ouvintes de Aristóteles dividiam-se em duas categorias. Uns, formados por amigos (*hetairoi*), constituíam um círculo cultivado a quem Aristóteles oferecia idéias elaboradas. Os outros, um conjunto de ouvintes sem formação especializada, ouvia o filósofo discorrer livremente sobre assuntos de interesse geral. Estas duas categorias de ouvintes teriam originado textos elaborados com maior e menor atenção. A dificuldade de enquadrar os escritos de Aristóteles nestas duas categorias lançam suspeitas sobre sua adequação. Imprecisões e contradições aparecem até mesmo em páginas de indiscutível prestígio.

Aristóteles criou um gênero literário que lembra o ensaio. Tendo recusado as idéias platônicas, Aristóteles caiu em realidade complexa e contraditória, causa de problemas resistentes à solução. Como exigir perfeição de quem trabalha com um instrumento imperfeito como a linguagem? Partindo de Platão, Aristóteles renova o diálogo, fazendo do texto um espaço de discussão que requer receptores cultivados e responsáveis. Aristóteles não se retrata, prova de que expunha pensamentos já maduros. Correções, amplificações, se as fazia, antes de dar o texto a lume, não eliminaram indecisões.

Aristóteles classifica *Ética a Nicômaco* como uma espécie de *méthodos politiké*. *Méthodos* designa uma obra sistematicamente elaborada, uma investigação feita seguindo rigorosamente (*hikanôs*) o caminho (*hodós*). Adverte, entretanto, que não se pode exigir de todos os estudos a mesma precisão (*to akribés*). Górgias só falava de uma modalidade de discurso, o persuasivo, declarado irresistível. Aristóteles opõe, ao contrário, o discurso matemático (*mathematikón*) ao retórico (*rhetorikón*). Demonstração (*apódeixis*) distingue o discurso matemático, enquanto o discurso retórico se caracteriza pela persuasão (*to pithanologéin*). A qualidade coercitiva que Górgias atribuía ao discurso retórico convém melhor ao discurso matemático. Como resistir a uma demonstração matemática?

Ora, o rigor matemático seduz os filósofos desde Pitágoras. O raciocínio de Parmênides e Zenão apóia-se em axiomas. Adversário da retórica, Platão ambicionava rigor para suas demonstrações. A dialética (argumentos encadeados que atravessam discursos) desaloja a retórica. Reduzir todos os discursos à exatidão matemática era o propósito de Platão. Compreende-se este objetivo quando se tem as idéias como ápice. Sem essa base discursos não-matemáticos oscilam.

Aristóteles colima posição intermediária. O discurso filosófico, o seu, não se apóia em axiomas e evita a imprecisão retórica. Sendo lacunoso, requer ouvintes responsáveis. Só o jovem, falto de experiência, desamparam qualidades indispensáveis à avaliação da exposição erudita, o que o expõe ao risco de silenciar fascinado como a Helena de Górgias. A imaturidade não o recomenda ao exercício da filosofia. Platão era de opinião de que antes dos cinqüenta anos ninguém é filósofo. Aristóteles, mais transigente que seu mestre, exige entretanto juízo de candidatos à filosofia. A maturidade vem do controle das paixões, não da idade. Górgias visava a paixão, Aristóteles, a capacidade de julgar.

No espaço entre o falante e o receptor abre-se para Aristóteles o caminho do saber, lugar de troca entre iguais, condição incontornável para o exercício político do discurso. No diálogo medra a condição adulta. A correta distinção do salutar e do nocivo aparelha o homem bem formado dos efeitos maléficos do *phármakon* discursivo. Ninguém tem o direito de arrogar-se o título de mestre, visto que a formação realiza-se através de uma vida de eleições responsáveis.

O discurso aristotélico não esconde marcas de lacunas. No início do quarto capítulo do primeiro livro de *Ética a Nicômaco,* Aristóteles retoma matéria não suficientemente tratada, procedimento inconcebível no quadro da demonstração matemática. O matematicamente inaudito é natural para a exposição filosófica. Em filosofia, o retorno freqüente ao mesmo lugar não apaga a lacuna.

Qual é o objetivo da exposição? O que é claro para a demonstração matemática problematiza-se na exposição filosófica. Tome-se um exemplo: a felicidade. Uma questão aparentemente simples suscita muitas respostas sem que se saiba, à primeira vista, qual é a mais adequada. Constrangidos a reconhecer que resposta alguma é inteiramente verdadeira, afoito seria declarar todas falsas. Cada uma das questões propostas exige criterioso exame.

As posições, locutor e receptor, são reversíveis. Ao expor, Aristóteles fica atento ao que outros disseram. O discurso geral ultrapassa cada um dos discursos particulares, distinção já feita por Heráclito. Sem retornar ao naturalismo de seu predecessor, Aristóteles insiste em níveis discursivos. Ao se abordar um problema, não se ignore o discurso elaborado sobre o mesmo assunto ao longo do tempo. Pretender recuperar tudo que se disse seria ambicionar a ascensão ao discurso geral, projeto inconcebível. Para manter o diálogo com o discurso geral importa proceder a uma seleção. Dentre as opiniões sobre a felicidade, Aristóteles escolhe algumas, desde manifestações populares até reflexões rebuscadas. Cercados de respostas contraditórias, encontramo-nos, ao cabo de longa tradição, ainda no princípio. Onde começar? Em princípios gerais ou no sensível? Aristóteles situa-se prudentemente entre o geral e o sensível. Indeciso, o filósofo não resolve nem mesmo a preocupação central de sua obra, a questão do ser. Ao tentar definir o ser, Aristóteles cai nas categorias, o que deveria ser um se perde no emaranhado de abordagens múltiplas. Se os recursos discursivos não alcançam o ser, tampouco o belo se rende aos esforços do investigador. Como poderia o discurso, múltiplo, lacunoso, fragmentário, adonar-se do que é simples? Quem denuncia Aristóteles de dogmático não leva em consideração o teórico da deficiência do discurso.

Em assuntos políticos, abundam inquietações. Podem governar homens que não pensam?, questão já levantada por Homero. Embora julgue que o homem deva tratar politicamente, isto é, em situação de igualdade, com a mulher, considera a emotividade feminina perniciosa à formação guerreira dos cidadãos. Propõe como salutar a alternância no exercício do poder, mas não lhe ocorre a alternância entre horas de trabalho e horas de lazer, o que o leva a declarar a escravatura como necessária, ainda que não veja solução para a rebeldia dos oprimidos. Neste e em outros lugares, vemos o ensaísta em ação, o escritor que ousa abordar questões ainda não suficientemente refletidas. Na convergência do discurso público, da exposição erudita e da dialética platônica compreendemos a escrita de Aristóteles, pouco distante do ensaio contemporâneo. Admitido o ensaio, justificam-se as imprecisões. Aristóteles declara-se *demiourgós,* isto é, obreiro que exerce atividade pública como o médico, o sapateiro ou o político. À maneira de outros obreiros, o filósofo encontra dificuldades no exercício de seu ofício. Procura superá-las contando com a compreensão das pessoas que o acompanham. Constatamos discurso político, ato de iguais.

De Górgias a Aristóteles altera-se a base do poder. Górgias pensa que o poder está em um só (o orador), Aristóteles deriva o poder da pólis. Na pólis, o poder (*dýnamis*) se refrata. O espectro luminoso desdobra-se em cores, linguagens imprevisíveis como os caminhos do logos, inventadas e reinventadas. Apóiam-se e se negam no exercício do poder. Se o homem é o ser que tem o discurso, o poder está no discurso. O discurso perverte-se, degrada-se. Perverte-se quando se concentra em poucos ou em um só. Degrada-se quando a linguagem rui por inteiro por inércia dos falantes. A linguagem potencializa-se no espaço comum, lugar de cada um. Quando uma palavra se opõe a outra, o conjunto se revigora.

Lessing distingue a arte do tempo e a arte do espaço. À arte do espaço tocam a pintura e a escultura; a música e a literatura pertencem ao domínio do tempo. É a época em que o tempo luta por um território próprio, separado do espaço. O romance relata o destino de existências ameaçadas e devoradas pela morte. A esperança da vida eterna ainda pode ser contemplada em quadros, em estátuas e na arquitetura das igrejas.

A antigüidade acolhe numa mesma categoria o que Lessing separa. A reflexão de Zenão de Eléia sobre a imobilidade vale, de certa maneira, para a concepção antiga em geral: o tempo não afeta a beleza de Helena, Heródoto subordina acontecimentos históricos a modelos imortais, Platão funda a realidade em idéias fixas, Horácio declara seus poemas mais duráveis que o bronze.

Para Luciano só existe arte do espaço. Visto que na língua grega se emprega o mesmo verbo, *graphêin,* para duas atividades, pintar e escrever, Luciano reúne escrita e pintura num mesmo domínio. Considera Homero poeta e declara objetos materiais as palavras saídas da boca do orador. No ensaio *De domo,* Luciano discute o efeito do discurso pronunciado numa bela casa, concluindo que há risco de o ouvinte se distrair com a bela ornamentação já que arquitetura e retórica convergem na mesma materialidade. Apoiada no poder petrificador da Górgona, a arte imobiliza. A teoria de Górgias renasce reelaborada. Vejamos como esta concepção opera num de seus diálogos mais conhecidos, *O galo.*

Nenhum comentário autoral explica a ação do galo ao longo da peça. Este procedimento confere ao diálogo teatralidade maior do que a observável nos diálogos platônicos. A comicidade aproxima Luciano da comédia enquanto a insistente preocupação de Platão com a morte mantém os diálogos platônicos na vizinhança da tragédia.

O diálogo de Lucianao concentra-se em duas personagens: Micilo e o galo. Micilo, um sapateiro pobre, é bruscamente arrancado dum sonho dourado pelo canto dum galo. Enraivecido, o infeliz esbraveja contra o animal inoportuno. O galo responde aos insultos com sábia urbanidade. *Senhor Micilo* é a civilizada saudação que soa aos ouvidos do insolente. Quem é o galo? Muitos e ninguém. O ciclo de suas encarnações começou há muitos séculos, compreendendo Pitágoras, uma prostituta, um homem rico, antes de atingir a última edição que fere os ouvidos do sapateiro sonhador. A metempsicose contradiz as essências. Como incluir uma ave na categoria dos entes falantes, como subordiná-la ao modelo eterno do homem platônico? Que é o galo de Luciano? Um *teras*, um prodígio, um monstro, uma coisa espantosa. Como prodígio o galo falante voa pelo tempo e pelo espaço. Quem fala? O galo ou Pitágoras? É indiferente. Nem o galo nem Pitágoras. Pitágoras e o galo não são mais que aparências. Tudo não passa de um espetáculo teatral.

Quando o galo-Pitágoras se põe a falar, a distância entre o momento que passa e o sexto século antes de Cristo desaparece. No tempo espacializado pode-se percorrer séculos como se eles dilatassem uma superfície que se abre em muitas direções. Micilo sai dum sonho e entra noutro. Tudo é sonho. Micilo aponta Calderón de la Barca, *A vida é sonho*.

Como entender que um galo fale? Defendendo sua condição de galo falante, a personagem recorda exemplos autorizados de animais e de árvores dotados de fala. Xanto, o cavalo de Aquiles, não falava? Quem o afirma é o próprio Homero. Além do mais, convém lembrar que o cavalo falava em versos perfeitos, não em prosa como esse galo. O galo acrescenta ainda outros prodígios falantes: a sombra de Argos, o carvalho de Dodona, a carne assada dos bois de Hélio, indevidamente sacrificados pelos soldados de Ulisses.

A defesa do galo parodia os discursos sofísticos. Não há nada que um homem instruído não saiba defender. Só um joão-ninguém sem um pingo de instrução como o sapateio consideraria bizarro um fenômeno banal como o galo falante. Estamos diante de uma sentença proferida contra a cultura grega? De fato, como o galo, o passado helênico não é mais que sonho.

Há razões para perceber no galo uma máscara de Luciano? Não é espantoso que um bárbaro como Luciano, um homem da periferia, fale grego clássico? Parece que Luciano pretende que o caráter civilizado não depende do sangue que corre nas veias. Até mesmo de um bárbaro desprezível a instrução pode fazer um homem bem-falante. A comunidade dos homens instruídos é maior que o mundo grego. As transmigrações do galo alcançam o Egito. A pluralidade substitui a unidade. O galo é uma biblioteca em que se guardam todos os livros do mundo. Anunciam-se aqui a borgiana biblioteca de Babel, os signos em rotação de Octavio Paz, a obra aberta de Umberto Eco, a disseminação de Derrida. A polifonia, teorizada por Bakhtine, chega aqui, como o demonstrou Jacyntho Brandão, a um estágio de notável desenvolvimento.

Percebe-se na literatura grega o trabalho denodado pela construção de uma comunidade digna, plural, responsável, democrática. Construir uma sociedade em que os desejos de todos sejam respeitados, em que a violência não seja ameaça, em que os sentimentos não perturbem decisões, em que os interesses privados não comprometam o bem-estar de muitos, em que horas de trabalho e horas de lazer sejam distribuídos com justiça – a construção de uma sociedade justa continua a convocar inteligências.

BIBLIOGRAFIA

BARKER, Sir Ernest. *Teoria política grega.* Trad. de Sergio Fernando Guarischi Bath. Brasília, Universidade de Brasília, 1978.

BRANCACCI, Aldo. *Philosophie du langage et grammaire dans l'antiquité.* Bruxelas, Ousia, 1986.

BRANDÃO, Jacyntho Lins. *A poética do hipocentauro.* Belo Horizonte, UFMG, 2001.

BROCHARD, V. *Les sceptiques grecs.* Paris, Vrin, 1986.

BURNET, John. *Early Greek Philosophy.* London, Black, 1963, 4 ed.

COLLI, Giorgio. *La sagesse grecque. Volume III. Héraclite.* Tràd. Patricia Farazzi. Paris, Éclat, 1992.

CASSIN, Barbara, ed. *Positions de la sophystique.* Paris, Vrin, 1986.

ESCOHOTADO, Antonio. *De physis a polis.* Barcelona, Anagrama, 1975.

FINLEY, M. I. *A política no mundo antigo.* Trad. Álvaro Cabral. Rio de Janeiro, Zahar, 1985 [1983].

FRAISSE, Jean-Claude. *Fhilia.* Paris, Vrin, 1984.

GIGON, Olof. *Los orígenes de la filosofía griega.* Trad.

Manuel Carrión Gútiez. Madri, Gredos, 1971 [1968].

GUTHRIE, W. K. C. *The Greek Philosophers.* London, Methuen, 1962.

HEINIMANN, Felix. *Nomos und physis.* Darmstadt, Wissenschaftliche Buchgesellschaft, 1965.

HILDERBRANDT, Kurt. *Fruehe Griechische Denker.* Bonn, Bouvier, 1968.

KIRK, G. S. , RAVEN, J. E. *Os filósofos pré-socráticos.* Trad. de Carlos Alberto Louro Fonseca. Lisboa, Gulbenkian, 1982 [1966].

KNAUSS, Bernhard. *Staat und Mensch in Hellas.* Darmstadt, Wissenschaftliche Buchgesellschaft, 1964.

KITTO, H. D. F. *Os gregos.* Trad. José Manuel Coutinho e Castro. Coimbra, Armênio Amado, 1960.

LAÉCIO, Diógenes. [Séc. II a. D.] *Vidas e doutrinas dos filósofos ilustres.* Trad. Mário da Gama Kury. Brasília, UnB, 1988.

LEÃO, Emmanuel Carneiro e WRUBLEWSKI, Sérgio. *Os pensadores originários: Anaximandro, Parmênides, Heráclito.* Texto e tradução. Petrópolis, Vozes, 1991.

NESTLE, Wilhelm. *Historia del Espíritu Griego.* Trad. Manuel Sacristán. Barcelona, Ariel, 1987.

PAQUET, Léonce e LAFRANCE, Yvon. *Les présocratiques. Bibliography analytique. (1450 - 1879).* Montréal, Bellarmin, 1995.

REINHARDT, Karl. *Vermaechtnis der Antike.* Göttingen, Vanderhoeck & Ruprecht, 1966.

SNELL, Bruno. *A descoberta do espírito*. Trad. Artur Morão. Lisboa, Edições 70, 1992 [1975].

SOUZA, José Cavalcante de. *Os pré-socráticos*. São Paulo, Nova Cultural, 1991, 5 ed.

TUSELL, Narcís Aragay. *Origen y decadencia del logos*. Barcelona, Anthropos, 1993.

VERNANT, Jean-Pierre. *Entre mito e política*. Trad. de Cristina Murachco. São Paulo, EDUSP, 1996.

ZELLER, Eduard. *Die Philosophie der Griechen*. Darmstadt, Wissenschaftliche Buchgesellschaft, 1963 [1876].

Coleção **L&PM** POCKET

1. **Catálogo geral da** Coleção **L&PM** POCKET
2. **Poesias** – Fernando Pessoa
3. **O livro dos sonetos** – org. Sergio Faraco
4. **Hamlet** – Shakespeare – trad. Millôr Fernandes
5. **Isadora, fragmentos autobiográficos** – Isadora Duncan
6. **Histórias sicilianas** – Giuseppe di Lampedusa
7. **O relato de Arthur Gordon Pym** – Edgar Allan Poe
8. **A mulher mais linda da cidade** – C. Bukowski
9. **O fim de Montezuma** – Hernan Cortez
10. **A ninfomania** – D. T. Bienville
11. **As aventuras de Robinson Crusoé** – Daniel Defoe
12. **Histórias de amor** – A. Bioy Casares
13. **Armadilha mortal** – Roberto Arlt
14. **Contos de fantasmas** – Daniel Defoe
15. **Os pintores cubistas** – G. Apollinaire
16. **A morte de Ivan Ilitch** – L.Tolstoi
17. **A desobediência civil** – David Henry Thoreau
18. **Liberdade, liberdade** – Flávio Rangel e Millôr Fernandes
19. **Cem sonetos de amor** – Pablo Neruda
20. **Mulheres** – Eduardo Galeano
21. **Cartas a Théo** – Van Gogh
22. **Don Juan** – Molière – Trad. e adaptação de Millôr Fernandes
24. **Horla & outras histórias** – Guy de Maupassant
25. **O caso de Charles Dexter Ward** – H. P. Lovecraft
26. **Vathek** – William Beckford
27. **Hai-Kais** – Millôr Fernandes
28. **Adeus, minha adorada** – Raymond Chandler
29. **Cartas portuguesas** – Mariana Alcoforado
30. **A mensageira das violetas** – Sonetos – Florbela Espanca
31. **Espumas flutuantes** – Castro Alves
32. **Dom Casmurro** – Machado de Assis
34. **Alves & Cia.** – Eça de Queiroz
35. **Uma temporada no inferno** – Arthur Rimbaud
36. **A correspondência de Fradique Mendes** – Eça de Queiroz
38. **Antologia poética** – Olavo Bilac – Seleção de Paulo Hecker Fº
39. **Rei Lear** – W. Shakespeare – Trad. de Millôr Fernandes
40. **Memórias póstumas de Brás Cubas** – Machado de Assis
41. **Que loucura!** – Woody Allen
42. **O duelo** – Casanova
44. **Gentidades** – Darcy Ribeiro
45. **Memórias de um Sarg. de Milícias** – Manuel A. de Almeida
46. **Os escravos** – Castro Alves
47. **O desejo pego pelo rabo** – Pablo Picasso
48. **Os inimigos** – Máximo Gorki
49. **O colar de veludo** – Alexandre Dumas
50. **Livro dos bichos** – Org. de Sergio Faraco
51. **Quincas Borba** – Machado de Assis
53. **O exército de um homem só** – Moacyr Scliar
54. **Frankenstein** – Mary Shelley
55. **Dom Segundo Sombra** – Ricardo Güiraldes
56. **De vagões e vagabundos** – Jack London

57. **O homem bicentenário** – Isaac Asimov
58. **A viuvinha** – José de Alencar
59. **Livro das cortesãs** – Org. de Sergio Faraco
60. **Últimos poemas** – Pablo Neruda
61. **A moreninha** – Joaquim Manuel de Macedo
62. **Cinco minutos** – José de Alencar
63. **Saber envelhecer e a amizade** – Cícero
64. **Enquanto a noite não chega** – Josué Guimarães
65. **Tufão** – Joseph Conrad
66. **Aurélia** – Gérard de Nerval
67. **I-Juca-Pirama** *seguido de* **Os Timbiras** – Gonçalves Dias
68. **Fábulas de Esopo**
69. **Teresa Filósofa** – Anônimo do Séc. XVIII
70. **Aventuras inéditas de Sherlock Holmes** – A. C. Doyle
71. **Antologia poética** – Mario Quintana
72. **Antes e depois** – Paul Gauguin
73. **A morte de Olivier Bécaille** – Émile Zola
74. **Iracema** – José de Alencar
75. **Iaiá Garcia** – Machado de Assis
76. **Utopia** – Tomás Morus
77. **Sonetos para amar o amor** – Luis Vaz de Camões
78. **Carmem** – Prosper Mérimée
79. **Senhora** – José de Alencar
80. **Hagar, o horrível 1** – Dik Browne
81. **O coração das trevas** – Joseph Conrad
82. **Um estudo em vermelho** – Sir Arthur Conan Doyle
83. **Todos os sonetos** – Augusto dos Anjos
84. **A propriedade é um roubo** – P.-J. Proudhon
85. **Drácula** – Bram Stoker
86. **O marido complacente** – Marquês de Sade
87. **De profundis** – Oscar Wilde
88. **Sem plumas** – Woody Allen
89. **Os bruzundangas** – Lima Barreto
90. **O cão dos Baskervilles** – Sir Arthur Conan Doyle
91. **Paraísos artificiais** – Charles Baudelaire
92. **Cândido, ou o otimismo** – Voltaire
93. **Triste fim de Policarpo Quaresma** – Lima Barreto
94. **Amor de perdição** – Camilo Castelo Branco
95. **Megera domada** – W. Shakespeare – Trad. Millôr Fernandes
96. **O mulato** – Aluísio Azevedo
97. **O alienista** – Machado de Assis
98. **O livro dos sonhos** – Jack Kerouac
99. **Noite na taverna** – Álvares de Azevedo
100. **Aura** – Carlos Fuentes
102. **Contos gauchescos e lendas do sul** – Simões Lopes Neto
103. **O cortiço** – Aluísio Azevedo
104. **Marília de Dirceu** – Tomás Antônio Gonzaga
105. **O Primo Basílio** – Eça de Queiroz
106. **O ateneu** – Raul Pompéia
107. **Um escândalo na Boêmia** – Sir Arthur Conan Doyle
108. **Contos** – Machado de Assis
109. **200 Sonetos** – Luis Vaz de Camões
110. **O príncipe** – Maquiavel

111. A escrava Isaura – Bernardo Guimarães
112. O solteirão nobre – Sir Arthur Conan Doyle
114. Shakespeare de A a Z – William Shakespeare
115. A relíquia – Eça de Queiroz
117. O livro do corpo – Vários (org. de Sergio Faraco)
118. Lira dos 20 anos – Álvares de Azevedo
119. Esaú e Jacó – Machado de Assis
120. A barcarola – Pablo Neruda
121. Os conquistadores – Júlio Verne
122. Contos breves – G. Apollinaire
123. Taipi – Herman Melville
124. Livro dos desaforos (Poesias) – Org. de Sergio Faraco
125. A mão e a luva – Machado de Assis
126. Doutor Miragem – Moacyr Scliar
127. O penitente – Isaac B. Singer
128. Diários da descoberta da América – Cristóvão Colombo
129. Édipo Rei – Sófocles
130. Romeu e Julieta – William Shakespeare
131. Hollywood – Charles Bukowski
132. Billy the Kid – Pat Garrett
133. Cuca fundida – Woody Allen
134. O jogador – Dostoiévski
135. O livro da selva – Rudyard Kipling
136. O vale do terror – Sir Arthur Conan Doyle
137. Dançar tango em Porto Alegre – Sergio Faraco
138. O gaúcho – Carlos Reverbel
139. A volta ao mundo em oitenta dias – Júlio Verne
140. O livro dos esnobes – W. M. Thackeray
141. Amor & morte em Poodle Springs – Raymond Chandler & R. Parker
142. As aventuras de David Balfour – Robert L. Stevenson
143. Alice no País das Maravilhas – Lewis Carroll
144. A ressurreição – Machado de Assis
145. Inimigos, uma história de amor – Isaac. B. Singer
146. O Guarani – José de Alencar
147. Cidade e as serras – Eça de Queiroz
148. Eu e outras poesias – Augusto dos Anjos
149. A mulher de trinta anos – Honoré de Balzac
150. Pomba enamorada e outros contos – Lygia Fagundes Telles
151. Contos fluminenses – Machado de Assis
152. Antes de Adão – Jack London
153. Intervalo amoroso e outros poemas escolhidos – Affonso Romano de Sant'Anna
154. Memorial de aires – Machado de Assis
155. Naufrágios e comentários – Álvar Nuñes Cabeza de Vaca
156. Ubirajara – José de Alencar
157. Textos anarquistas – Michael Alexandrovich Bakunin
158. O pirotécnico Zacarias – Murilo Rubião
159. Amor de salvação – Camilo Castelo Branco
160. O gaúcho – José de Alencar
161. O Livro das maravilhas – Marco Polo
162. Inocência – Visconde de Taunay
163. Helena – Machado de Assis
164. Uma estação de amor – Horácio Quiroga

165. Poesia reunida – Martha Medeiros
166. Memórias de Sherlock Holmes – Sir Arthur Conan Doyle
167. A vida de Mozart – Stendhal
168. O primeiro terço – Neal Cassady
169. O mandarim – Eça de Queiroz
170. Um espinho de marfim – Marina Colasanti
171. A ilustre Casa de Ramires – Eça de Queiroz
172. Lucíola – José de Alencar
173. Antígona – Sófocles – trad. Donaldo Schüler
174. Otelo – William Shakespeare
175. Antologia – Gregório de Matos
176. A liberdade de imprensa – Karl Marx
177. Casa de pensão – Aluísio Azevedo
178. São Manuel Bueno, Mártir – Miguel de Unamuno
179. Primaveras – Casimiro de Abreu
180. O noviço – Martins Pena
181. O sertanejo – José de Alencar
182. Eurico, o presbítero – Alexandre Herculano
183. O signo dos quatro – Sir Arthur Conan Doyle
184. Sete anos no Tibet – Heinrich Harrer
185. Vagamundo – Eduardo Galeano
186. De repente acidentes – Carl Solomon
187. As minas de Salomão – Rider Haggar (trad. de Eça de Queiroz)
188. Uivo – Allen Ginsberg
189. A ciclista solitária – Sir Arthur Conan Doyle
190. Os seis bustos de Napoleão – Sir Arthur Conan Doyle
191. Cortejo do divino – Nelida Piñon
192. Cassino Royale – Ian Fleming
193. Viva e deixe morrer – Ian Fleming
194. Os crimes do amor – Marques de Sade
195. Besame Mucho – Mário Prata
196. Tuareg – Alberto Vásquez-Figueroa
197. O longo adeus – Raymond Chandler
198. Os diamantes são eternos – Ian Fleming
199. Notas de um velho safado – Charles Bukowski
200. 111 ais – Dalton Trevisan
201. O nariz *seguido de* **Diário de um louco** – Nicolai Gogol
202. O capote *seguido de* **O retrato** – Nicolai Gogol
203. Macbeth – William Shakespeare
204. Heráclito – Donaldo Schüler
205. Você deve desistir, Osvaldo – Cyro Martins
206. Memórias de Garibaldi – Alexandre Dumas
207. A arte da guerra – Sun Tzu
208. Fragmentos – Caio Fernando Abreu
209. Festa no castelo – Moacyr Scliar
210. O grande deflorador – Dalton Trevisan
211. Corto Maltese na Etiópia – Hugo Pratt
212. Homem do príncipio ao fim – Millôr Fernandes
213. Aline e seus dois namorados – Adão Iturrusgarai
214. A juba do leão – Sir Arthur Conan Doyle
215. Assassino metido a esperto – Raymond Chandler
216. Confissões de um comedor de ópio – Thomas De Quincey
217. Os sofrimentos do jovem Werther – J. Wolfgang Goethe

218. **Fedra** – Racine – Trad. Millôr Fernandes
219. **O vampiro de Sussex** – Sir Arthur Conan Doyle
220. **Sonho de uma noite de verão** – W. Shakespeare
221. **Dias e noites de amor e de guerra** – Eduardo Galeano
222. **O Profeta** – Khalil Gibran
223. **Flávia, cabeça, tronco e membros** – Millôr Fernandes
224. **Guia da ópera** – Jeanne Suhamy
225. **Macário** – Álvares de Azevedo
226. **Etiqueta na Prática** – Celia Ribeiro
227. **Manifesto do partido comunista** – Marx & Engels
228. **Poemas** – Millôr Fernandes
229. **Um inimigo do povo** – Henrik Ibsen
230. **O paraíso destruído** – Frei Bartolomé de las Casas
231. **O gato no escuro** – Josué Guimarães
232. **O mágico de Oz** – L. Frank Baum
233. **Armas no Cyrano's** – Raymond Chandler
234. **Max e os felinos** – Moacyr Scliar
235. **Nos céus de Paris** – Alcy Cheuiche
236. **Os bandoleiros** – Schiller
237. **A primeira coisa que eu botei na boca** – Deonísio da Silva
238. **As aventuras de Simbad, o marújo**
239. **O retrato de Dorian Gray** – Oscar Wilde
240. **A carteira de meu tio** – Joaquim Manuel de Macedo
241. **A luneta mágica** – Joaquim Manuel de Macedo
242. **A metamorfose** ***seguido de*** **O veredicto** – Kafka
243. **A flecha de ouro** – Joseph Conrad
244. **A ilha do tesouro** – Robert Louis Stevenson
245. **Marx - Vida & Obra** – José Arthur Giannotti
246. **Gênesis**
247. **Unidos para sempre** – Ruth Rendell
248. **A arte de amar** – Ovídio
249. **O sono eterno** – Raymond Chandler
250. **Novas receitas do Anonymus Gourmet** – J. A. Pinheiro Machado
251. **A nova catacumba** – Sir Arthur Conan Doyle
252. **O Dr. Negro** – Sir Arthur Conan Doyle
253. **Os voluntários** – Moacyr Scliar
254. **A bela adormecida** e outras histórias – Irmãos Grimm
255. **O príncipe sapo** e outras histórias – Irmãos Grimm
256. **Confissões** *e* **Memórias** – Heinrich Heine
257. **Viva o Alegrete** – Sergio Faraco
258. **Vou estar esperando** – Raymond Chandler
259. **A senhora Beate e seu filho** – Arthur Schnitzler
260. **O ovo apunhalado** – Caio Fernando Abreu
261. **O ciclo das águas** – Moacyr Scliar
262. **Millôr Definitivo** – Millôr Fernandes
263. **O foguete da morte** – Ian Fleming
264. **Viagem ao centro da terra** – Júlio Verne
265. **A dama do lago** – Raymond Chandler
266. **Caninos brancos** – Jack London
267. **O médico e o monstro** – Robert Louis Stevenson
268. **A tempestade** – William Shakespeare
269. **Assassinatos na rua Morgue e outras histórias** – Edgar Allan Poe
270. **99 corruíras nanicas** – Dalton Trevisan

271. Broquéis – Cruz e Sousa
272. Mês de cães danados – Moacyr Scliar
273. Anarquistas – vol. 1 – A idéia – George Woodcock
274. Anarquistas – vol. 2 – O movimento – George Woodcock
275. Pai e filho, filho e pai e outros contos – Moacyr Scliar
276. As aventuras de Tom Sawyer – Mark Twain
277. Muito barulho por nada – William Shakespeare
278. O grande Gatsby – Scott Fitzgerald
279. Autobiografia de Alice B. Toklas – Gerdrute Stein
280. O chamado da floresta – Jack London
281. Uma agulha para o diabo – Ruth Rendell
282. Verdes vales do fim do mundo – Antonio Bivar
283. Ovelhas negras – Caio Fernando Abreu
284. O fantasma de Canterville e outros contos – Oscar Wilde
285. Receitas de Yayá Ribeiro – Celia Ribeiro
286. A galinha degolada ***seguido de*** **Heroísmos** – Horácio Quiroga
287. O último adeus de Sherlock Holmes – Arthur Conan Doyle
288. Anonymus Gourmet ***em*** **Histórias de cama & mesa** – José Antonio Pinheiro Machado
289. Topless – Martha Medeiros
290. Mais receitas do Anonymus Gourmet – José Antonio Pinheiro Machado
291. Origens do discurso democrático – Donaldo Schüler
292. Humor politicamente incorreto – Nani
293. O teatro do bem e do mal – Eduardo Galeano
294. Garibaldi & Manuela – Josué Guimarães
295. 10 dias que abalaram o mundo – John Reed
296. Numa fria – Charles Bukowski
297. Poesia de Florbela Espanca – volume 1– Florbela Espanca
298. Poesia de Florbela Espanca – volume 2– Florbela Espanca
299. Escreva certo – Edison de Oliveira
300. O vermelho e o negro – Stendhal
301. Ecce Homo – Friedrich Nietzsche
302. Comer bem, sem culpa – Dr. Fernando Lucchese, A. Gourmet e Iotti
303. Desembarcando o Diabetes – Dr. Fernando Lucchese
304. O reino das cebolas – Cintia Moscovich

Coleção L&PM POCKET / GASTRONOMIA

1. 100 receitas de macarrão – Sílvio Lancellotti
2. 160 receitas de molhos – Sílvio Lancellotti
3. 100 receitas light – Helena e Ângela Tonetto
4. 100 receitas de sobremesas – Celia Ribeiro
5. Mais de 100 dicas de churrasco – Leon Diziekaniak
6. 100 receitas de acompanhamentos – Carmen Cabeda

Coleção L&PM POCKET / SAÚDE

1. Pílulas para viver melhor – Dr. Fernando Lucchese
2. Pílulas para prolongar a juventude – Dr. Fernando Lucchese

Wellington Pereira

Zeduvel 28

Ex-libris

Wellington Pereira

Zeduvel 28

IMPRESSÃO:

GRÁFICA EDITORA
Pallotti
IMAGEM DE QUALIDADE

Santa Maria - RS - Fone/Fax: (55) 222.3050
www.pallotti.com.br

Com filmes fornecidos.